パーフェクトレッスンブック

ママさんバレー
基本と戦術

[illegible]山由美 監修

PERFECT LESSON BOOK

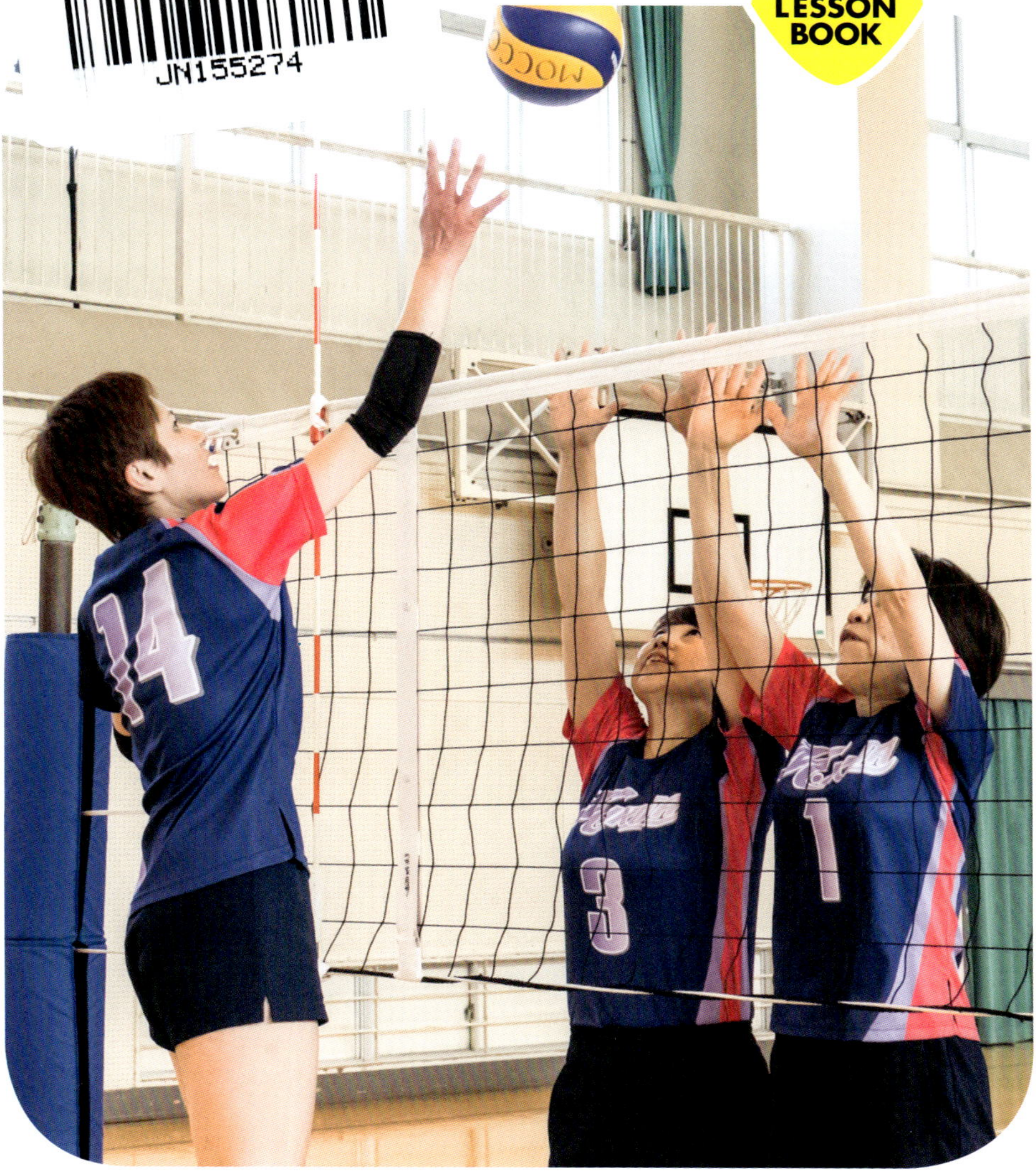

はじめに

ママさんバレーの本質とは何でしょうか？
それは、何よりも「楽しむ」ことです。

そうは言っても、世の中の女性は忙しいもの。子どもを持つお母さんも例外ではありません。朝は子どもを学校に送り出してから会社に行き、帰ってきたらおなかを空かせたご主人のために夕飯の支度。空いた時間に洗濯や掃除をしていたら、1日はあっという間に過ぎてしまいます。

確かに、ゆっくりバレーボールをしている時間はないかもしれません。ですが、できることなら少しだけ時間をつくって、一度、ご主人やお子さんに自分が練習している姿を見てもらってください。きっと、周りの見る目も変わるはずです。

「主人が子どもの面倒を見てくれるようになった」
「子どもが家事を手伝ってくれるようになった」

ママさんバレーで得られるもの

ママさんバレーをはじめたお母さんから、こういう話をよく聞きます。きっと「練習に行ってくるね」と言って出かけていく表情が、輝いているのでしょう。お母さんがいつまでも輝いていられる、それが〝生涯スポーツ〟であるママさんバレーの魅力ではないでしょうか。

この本には、ママさんバレーボール（9人制バレーボール）の基本的な技術に加え、リーダーの心構えなどチームを一からつくるために必要なことを紹介しています。チームメイトを尊重し、理解し、そしてともに成長していけば、バレーボールがもっと楽しくなるはずです。

ぜひ、この本を皆さんの豊かなバレーボールライフに役立ててください。

そして、家を出るときは、笑顔で「行ってきます！」と言うことも忘れずに。

Contents
目次

1 Position

2 Serve

3 Block

4 Receive

Contents

7 Toss

Cover Play 8

Contents

1

第1章

ポジションと役割

Position

ママさんのポジション

選手の年齢、能力を見極めてポジションを配置する

ママさんバレーはローテーションがなく、フリーポジション制です。ラリー中は誰がどの位置から攻撃を仕掛けても問題ありません。選手の年齢・能力を見極めて戦術を考え、適性のポジションに配置していきます。

そのため、背が低くても、高齢であっても、コートの中で輝けるポジションがあります。コンビネーションを高めていけば、自分のミスも仲間が修復してくれます。個性を活かしてプレーできるのが、ママさんバレーの魅力です。

ママさんの ある!ある! 不安点

- 高年齢でもプレーできるの?
- 肩が痛いのでアタックが打てない
- 初心者なのでプレーできるか不安
- 苦手なプレーで迷惑をかけたくない

解決!!

ママさんポジションの鉄則

本書でのポジションの呼び方

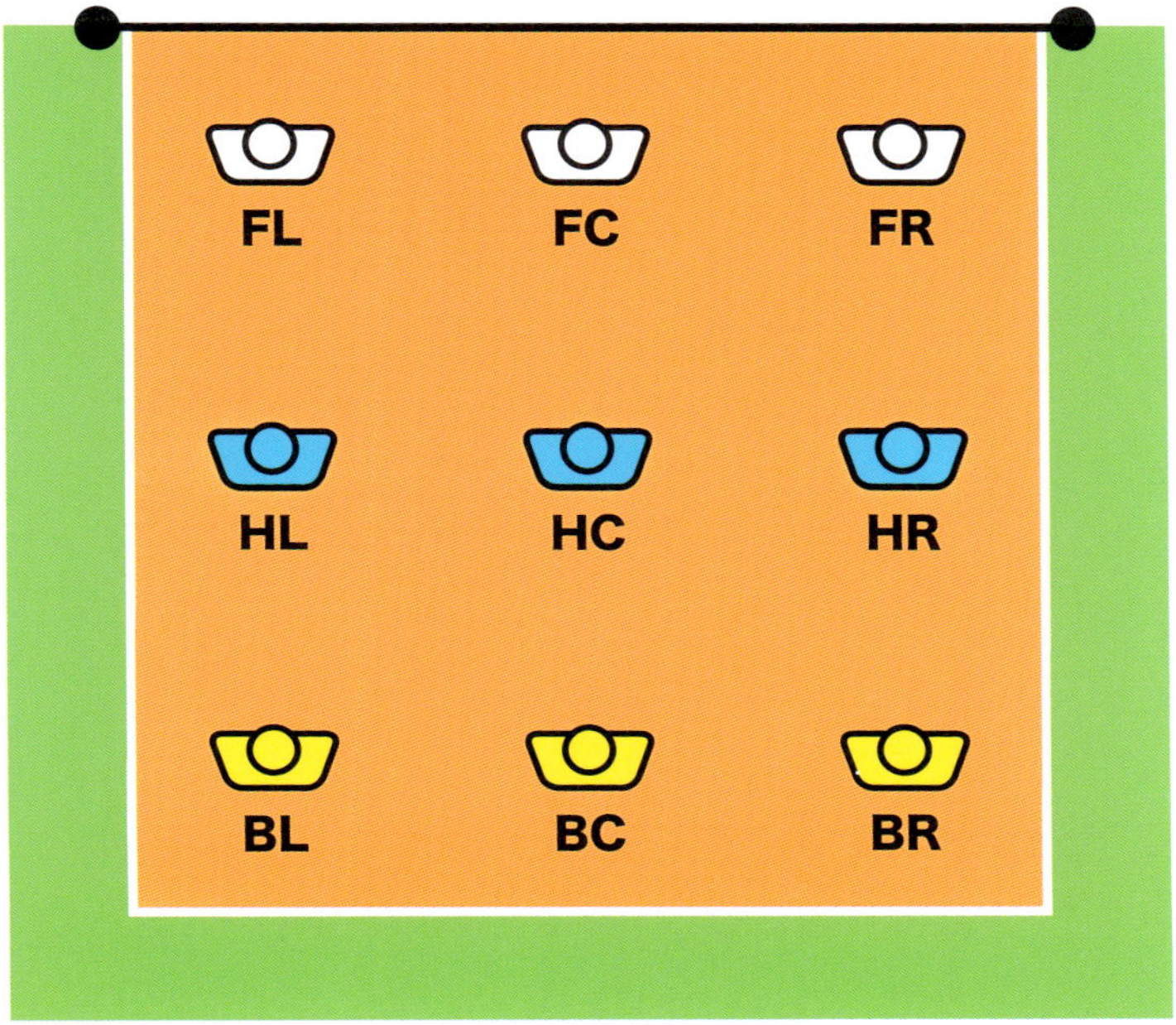

前衛	ハーフ（中衛）	後衛
FL ＝フォワードレフト	HL ＝ハーフレフト	BL ＝バックレフト
FC ＝フォワードセンター	HC ＝ハーフセンター	BC ＝バックセンター
FR ＝フォワードライト	HR ＝ハーフライト	BR ＝バックライト
S ＝セッター		

その1 得意分野を活かすことができる！

コートの中で役割分担が決まっているママさんバレーは、何歳になってもプレーが可能です。肩に不安があったり、背が低ければ、後衛専門でプレーすることができます。また攻撃力に自信があれば、前衛でプレーすることができます。各選手の武器をよく考えて、ポジションを決めましょう。

その2 初心者でも思いっきりプレーできる！

ママさんバレーは、サーブにおいて1本目にミスをしても2本打つことができます。またネット両端のマーカー（アンテナ）は6人制と異なり、サイドバンドの20㎝外に設置されています。これにより、サーブコースや攻撃の幅が広がるため、初心者でも思いっきりプレーすることができます。

前衛ポジションの役割

速い攻撃で相手を惑わし
ボールをつなぐ

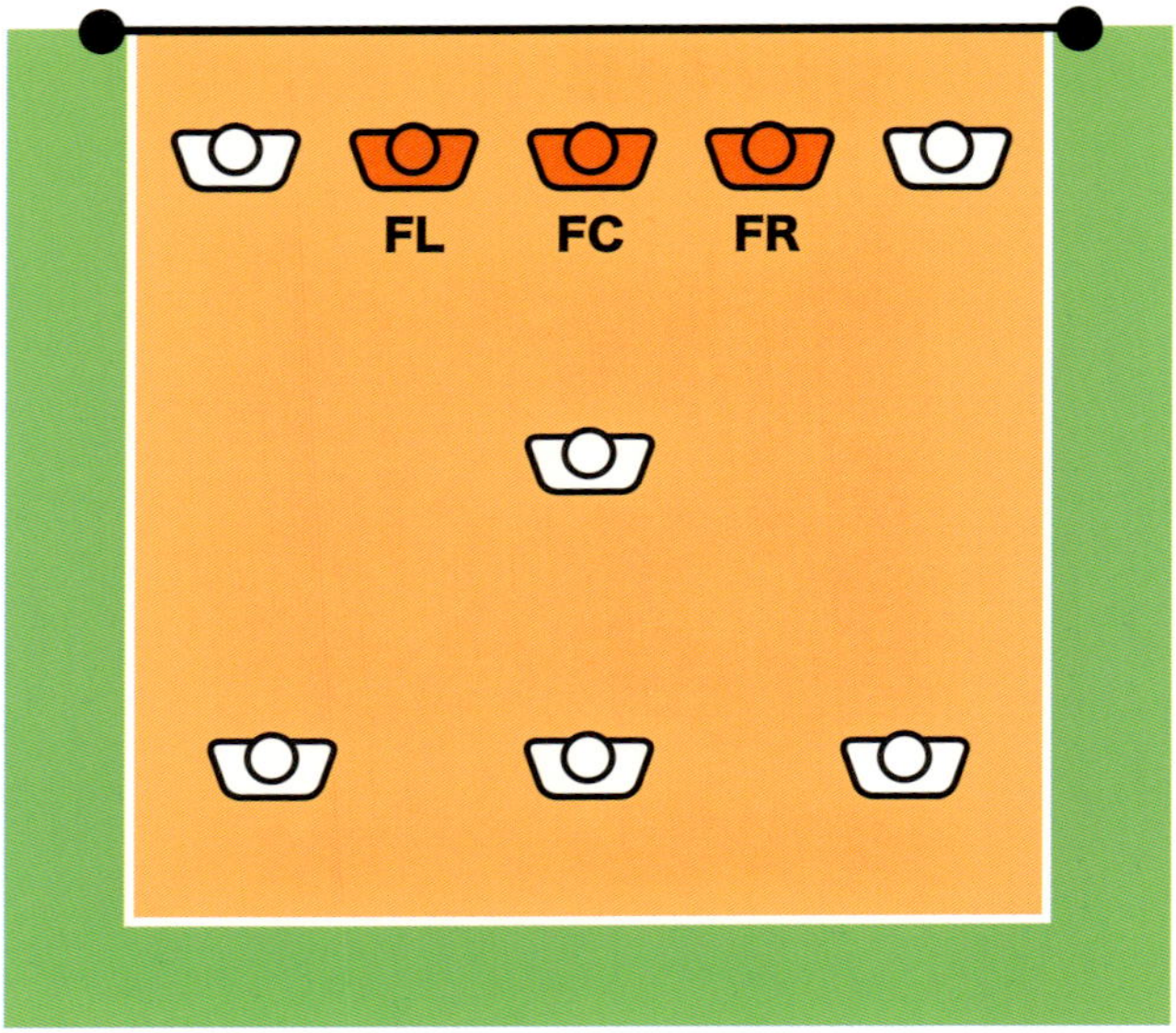

5-1-3 攻撃力のあるアタッカーの人数が多ければ、前衛に5枚置くフォーメーションを組んでいきましょう。アタッカーの人数次第で、前衛の人数を決めます。

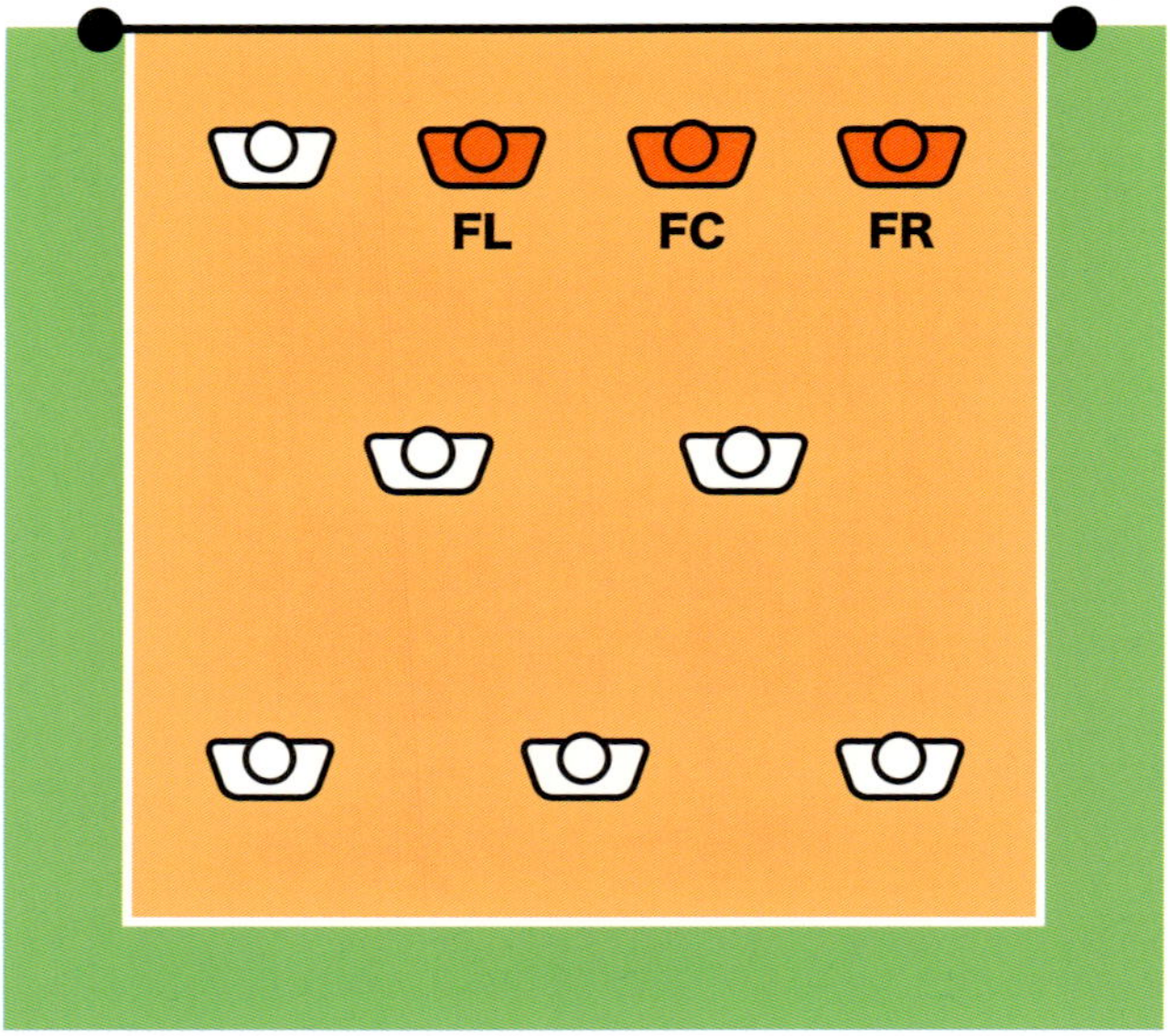

4-2-3 有力なアタッカーの人数が少なければ、前衛は4枚または3枚置き、ハーフの人数を増やして守備やつなぎを固めていきます。

苦手克服のポイント

ポイント1 ネット際に強く つなぎが上手い選手

前衛は、ネット際のプレーに多くかかわるため、ブロックやこぼれ球の反応に俊敏な選手が向いているでしょう。また、前衛のセンターあるいは両サイドどちらかにセッターを配置します。サーブレシーブのフォローを考慮し、第2セッターとなるつなぎの得意な選手を入れておくと、ボールがつながりやすいでしょう。

ポイント2 クイックやセミ攻撃を仕掛けていく！

攻撃時の前衛の仕事は、パスが乱れたときのつなぎともうひとつ、セッターの両サイドからクイックやセミなどの速い攻撃を仕掛けていくことです。速い攻撃は相手の意表をつかなければ、効果はありませんので、助走の方向やタイミング、トスの高さを工夫していきましょう。

Check!! チェック項目

- □ ネット際に強い選手は何人いるか？
- □ クイック攻撃やセミを打てる選手は誰か？
- □ 第2セッターになれる選手はいるか？
- □ 前衛全員がトスを上げることができるか？

ハーフポジションの役割

攻守の要となる 9人制の花形ポジション

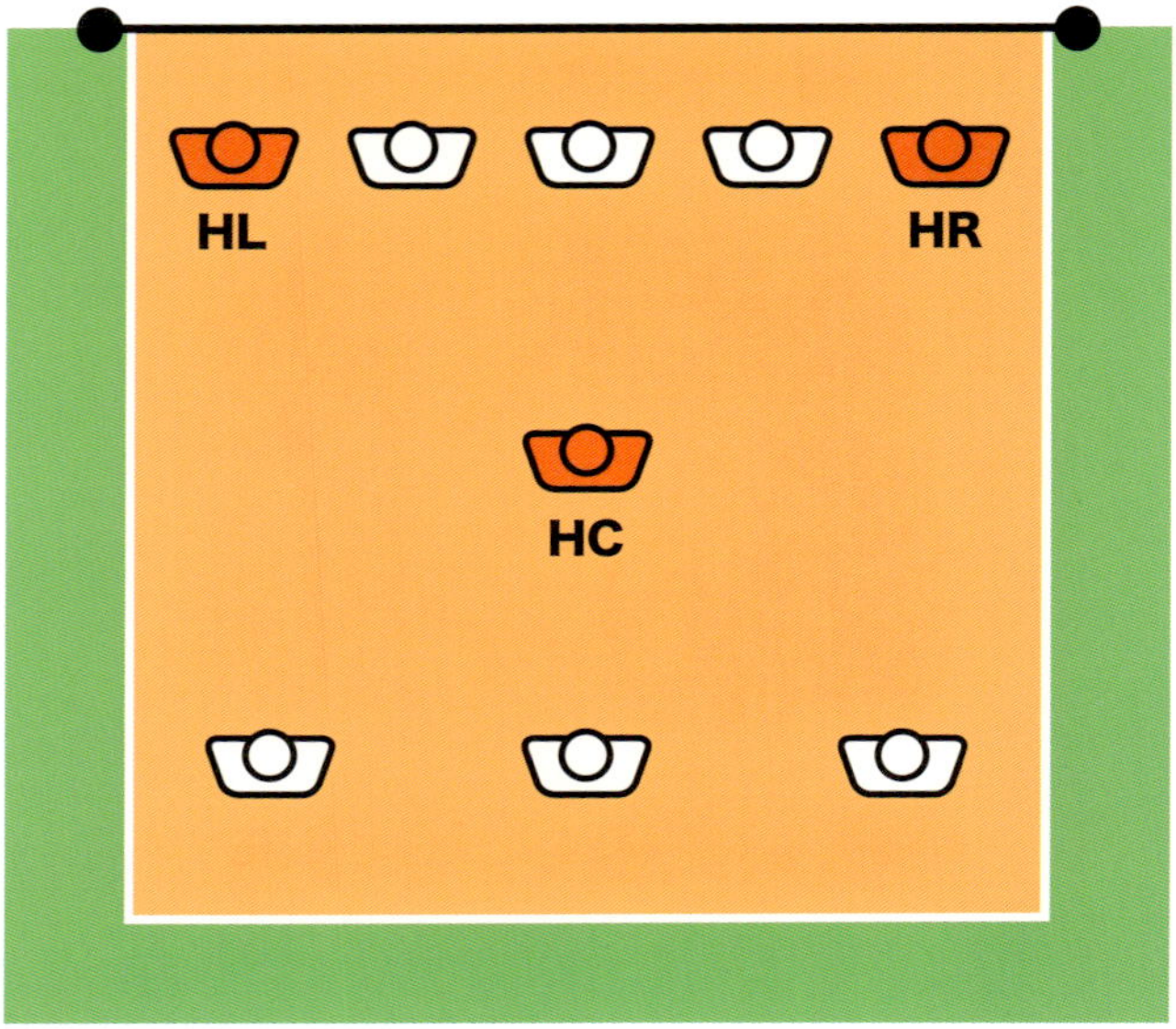

5-1-3 攻撃的布陣を敷いた場合、ハーフポジションはネット際両サイドに配置され、核となるポジションです。オープン、平行、二段攻撃を打てる選手を置きましょう。

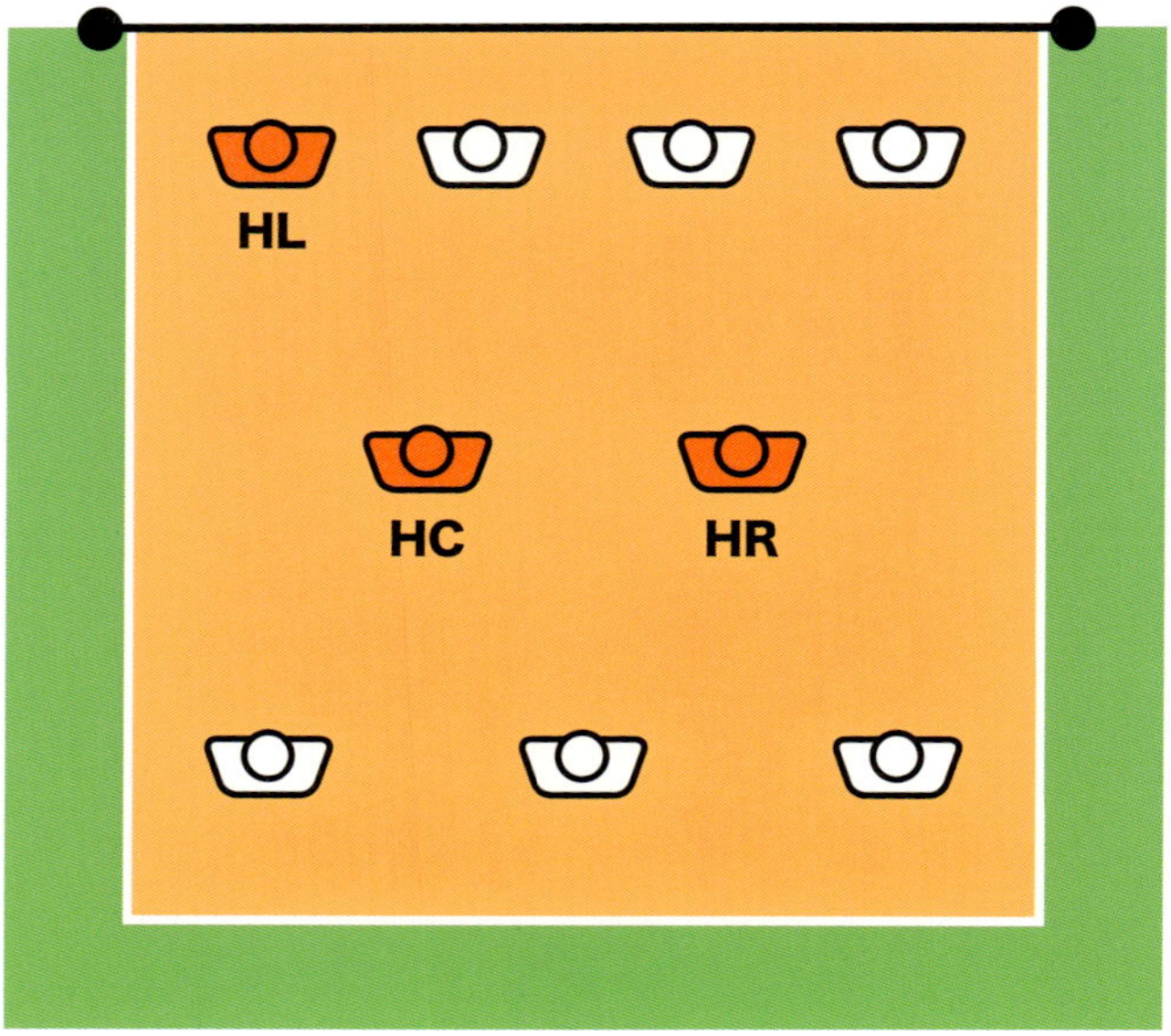

4-2-3 守備的布陣の場合は、ハーフレフトかハーフライトどちらかがコート中央へ。ブロックを抜けてきたボールやつなぎに対応し、パスの安定度を高めます。

苦手克服のポイント

ポイント1 最も攻撃力の高い選手を配置

9人制の中心ともいえるハーフポジション。攻撃面では、最も攻撃力が高い選手をハーフの両サイドに配置します。男子や実業団の中には、ハーフの両サイドをサーブレシーブから外すチームも存在しますが、ママさんバレーの場合は、ハーフもサーブレシーブに参加して守備を固めるとよいでしょう。

ポイント2 マルチな動きができる中心選手

守備で中心になるのが、ハーフセンターです。強いボールをオーバーハンドで上げ、弱いボールを正確にレシーブしたり、乱れたボールをすかさず二段トスにつなげられるマルチな動きが求められるポジション。視野を広く保ち、周囲へ的確に指示ができる選手を配置しましょう。

Check!!
チェック項目

- □ 攻撃力の高い選手は何人いるか？ 利き手は？
- □ どちらのサイドからの攻撃が得意か？
- □ 守備とつなぎ、両方とも得意な選手はいるか？
- □ 周辺視野が広い選手はいるか？

後衛ポジションの役割

安定したレシーブを繰り出す
縁の下の力持ち

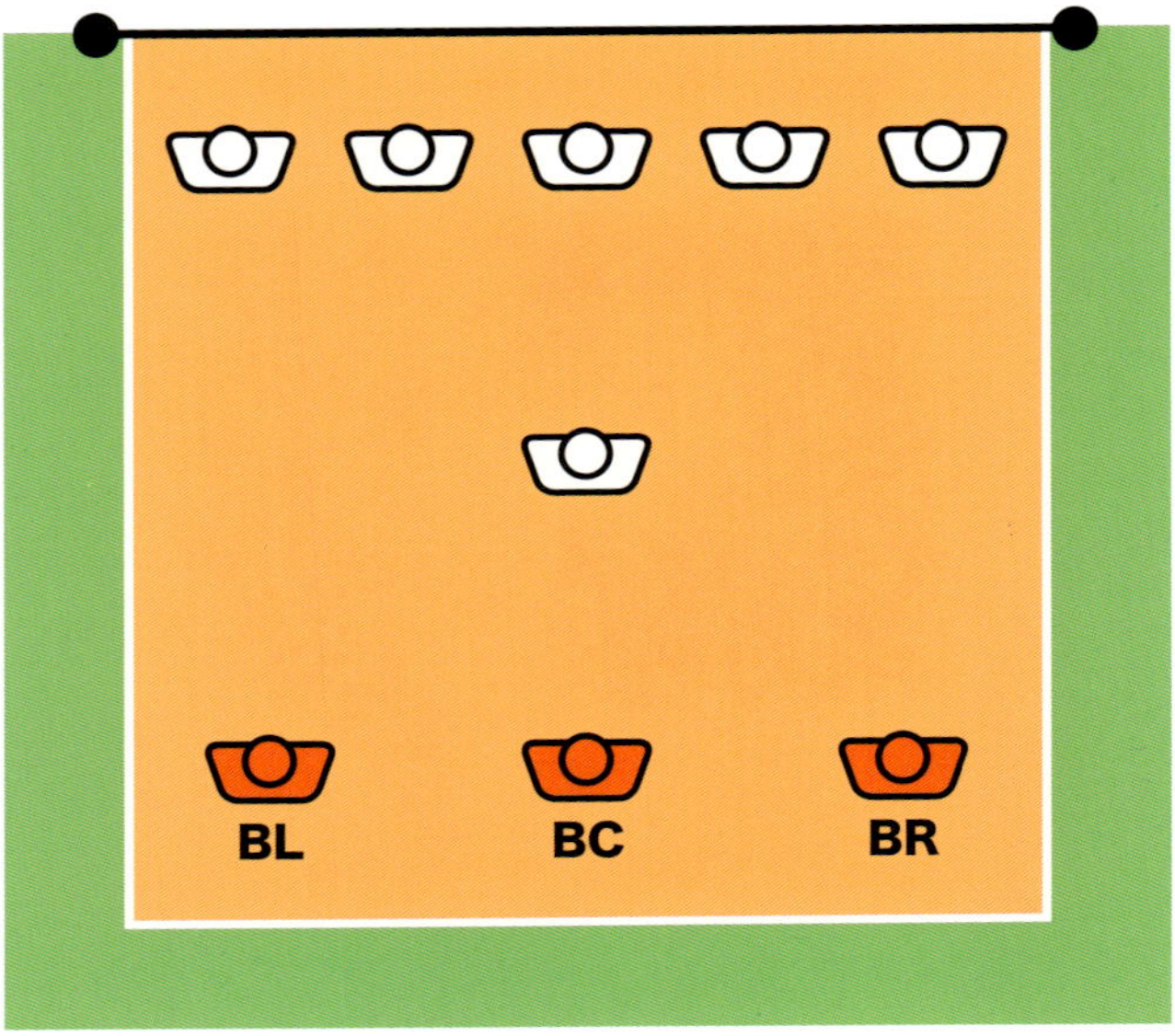

5-1-3

攻撃型、守備型、どちらにしても後衛の配置人数は3人と変わりませんが、守備範囲は変わります。5-1-3の場合は、コート中央にきたボールは必ず後衛レフト、ライトがフォローにいきましょう。

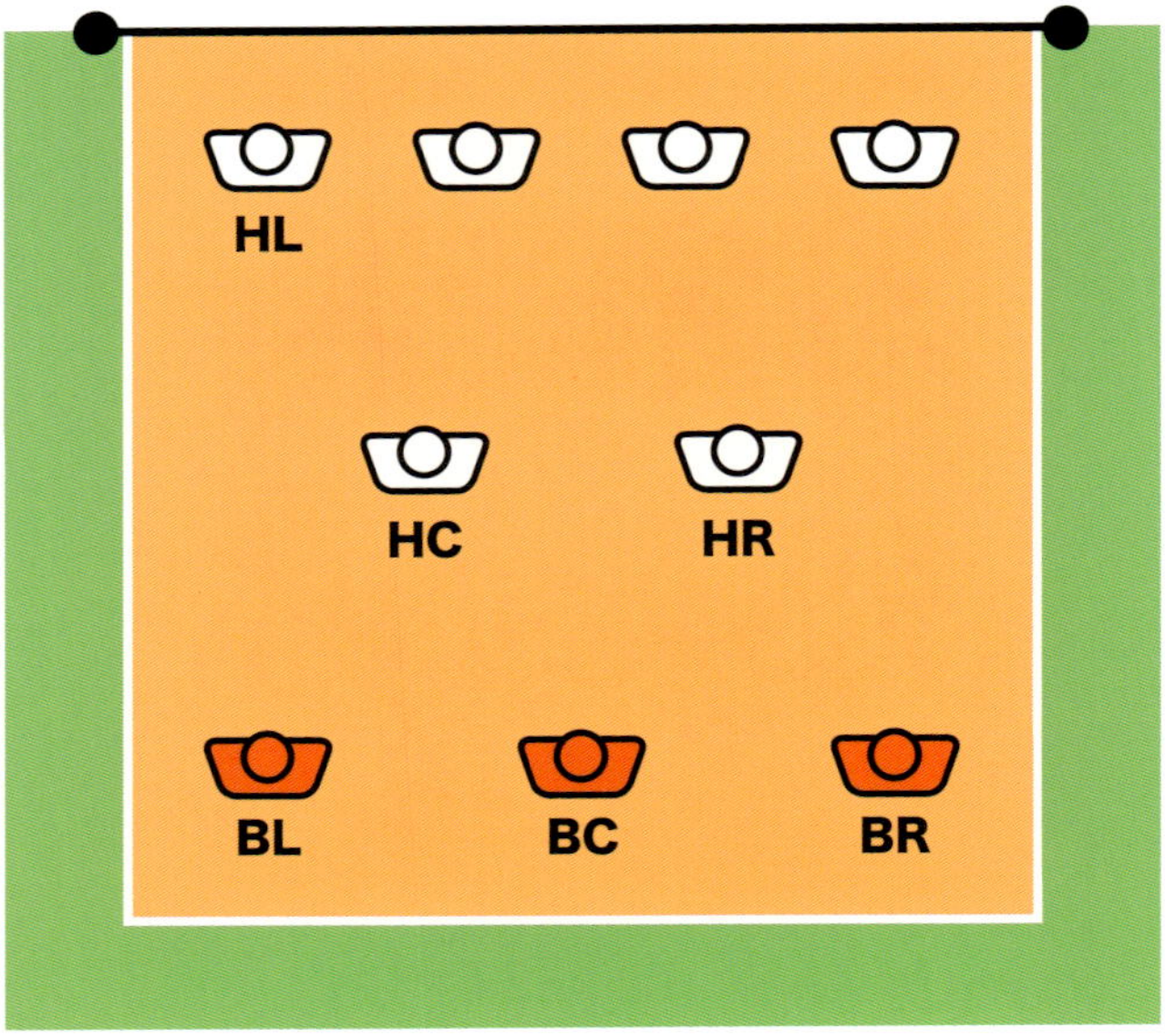

4-2-3

高めにきたボールはすべてハーフが対応するため、後衛は低めのボールを確実にセッターへ返せるようになりましょう。バックセンターはハーフの間にきたボールに対し、必ずフォローに入りましょう。

苦手克服のポイント

ポイント1 守備とカバーのスペシャリスト

後衛は、縦のラインを抜けてきたボールやコート角のボールを専門にひろう守備のスペシャリスト。ときには味方のはじいたボールを追いかけるカバー力も求められます。またコート後方から二段トスを上げることも多々あるので、普段から長い距離のトスを練習して対応できるようになりましょう。

ポイント2 相手と味方を観察する

コート全体を見渡せるのは、やはり後衛の特権。どんな劣勢の場面でも冷静に相手を観察しましょう。相手の守備フォーメーションを逆手にとり、チームの戦術に活かしていきます。また、味方のブロックの位置やタイミングにも注意し、穴のない守備を心がけて指示していくことが大切です。

Check!!
チェック項目

- □ 守備力の高い選手は何人いるか？
- □ 二段トスが得意な選手は誰か？
- □ 観察力に長けている選手は誰か？
- □ プレー中に声を出せる人は誰か？

コラム❶

ママさんバレーの歴史

レクリエーションスポーツの代表。それがママさんバレー

ママさんバレーという愛称が全国に広まるようになったのは１９６０年代のことです。１９６４年の東京五輪では、初めて正式種目に採用されたバレーボールで日本女子チームが金メダルを獲得。あまりの強さから「東洋の魔女」とたたえられました。また、高度経済成長期に入ると子どもを持つ女性の余暇が増え、レクリエーションスポーツの代表として瞬く間に全国に広まりました。

１９７０年には「全国家庭婦人バレーボール連盟」が設立。同年、日本バレーボール協会と朝日新聞社の共催で「第1回全国ママさんバレーボール大会」が開催されました。第34回大会からは開催都市が各都道府県の持ち回りとなり、全国各地で熱戦が繰り広げられています。

ママさんバレーの本質には〝楽しむ〟という要素があり、「一般社団法人全国ママさんバレーボール連盟」が開催する大会はすべて、女性だけで運営されています。バレーボールの技術はもちろん、生きていくために必要な人間性や社会性を身に付ける学びの場として、今でもたくさんの女性から愛されています。

2

第2章

サーブ

Serve

ママさんのサーブ

1本目は積極的にコースを狙う！

9人制は、1本目のサーブを失敗しても、2本目が打てます。1本目はスピードを意識したサーブで、積極的にコースを狙っていきましょう。「強いチーム＝サーブ力が高い」というのは、9人制の鉄則です。

ただし、2本目も失敗すると、相手チームに得点が与えられます。そのため、1本目を失敗したら、2本目は相手コートに入れることを優

4

5

ママさんのある！ある！サーブ

- ボールが手に当たらない！
- ボールが飛ばない！
- 肩が痛くてサーブが打てない！

解決!!

ママさんサーブの鉄則

先して、安全なサーブを打つ傾向があります。まずは自分が打ちやすく、決まる確率が高いサーブを身に付けましょう。

空中に置くようなイメージでボールを放す

1
2
3
肩の根元を意識して重心を移動させる

その1 ブレないトスを上げる！

正確なサーブを打つコツは、ブレないトスを上げることです。ボールを放す位置から打つ位置までの距離があるとブレやすいので、空中にボールを〝置く〟イメージで上げましょう。サーブの安定には、正確なトスが不可欠です。

その2 ボールは手だけで打たない！

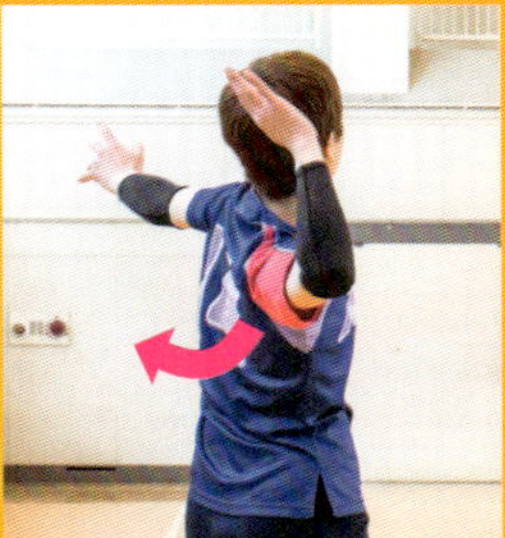

ボールがネットを越えないのは、手打ちになっているからです。肩の引きやヒザの曲げ伸ばし、腰の回転などを使い、ボールにしっかりと体重を乗せましょう。重心の移動が、すべてのサーブに共通するポイントです。

フローターサーブ

安定したトスさえ上がれば、コースを正確に狙えるサーブ

ボールを空中に置くようなイメージで
ボールから目を離さない
手のひら全体でトスを上げる

苦手克服のポイント

ポイント1 トスを安定させる！

トスを常に同じ位置に上げられるように練習しましょう。ポイントは、ヒジを伸ばしたまま、軽くボールを上げること。手首だけで上げるとボールが回転してしまうため、腕全体を使ってトスを上げましょう。

ポイント2 体の回転を使って打つ！

ネットに対して、打つコースへ左足のつま先を向けます。重心を右足から左足に移動させながら、上半身を後方から、腰をひねるようにして打つのがポイント。仲間にフォームをチェックしてもらいながら練習しましょう。

Check!!
チェック項目

- □ トスを上げる位置は視界に入っているか？
- □ トスは同じ位置に上がっているか？
- □ 打ちたいコースに足先が向いているか？
- □ スイングするときに肩甲骨を使っているか？

サイドハンドサーブ

筋力がなくても
誰でも簡単に打てるサーブ

ボールから
目を離さない
手のひらは
しっかり
開いておく
腰の回転を
使って
重心移動する

苦手克服のポイント

ポイント1 筋力が弱くても打てる！

ボールをコントロールしやすく、筋力が弱い人でも打てるサーブです。手のひらを相手に見せるようにして腕を振り抜くのがコツ。トスは低めに上げ、手のひら全体の下部分で確実にボールをミートすることを意識しましょう。

ポイント2 手の力加減でコースを狙う！

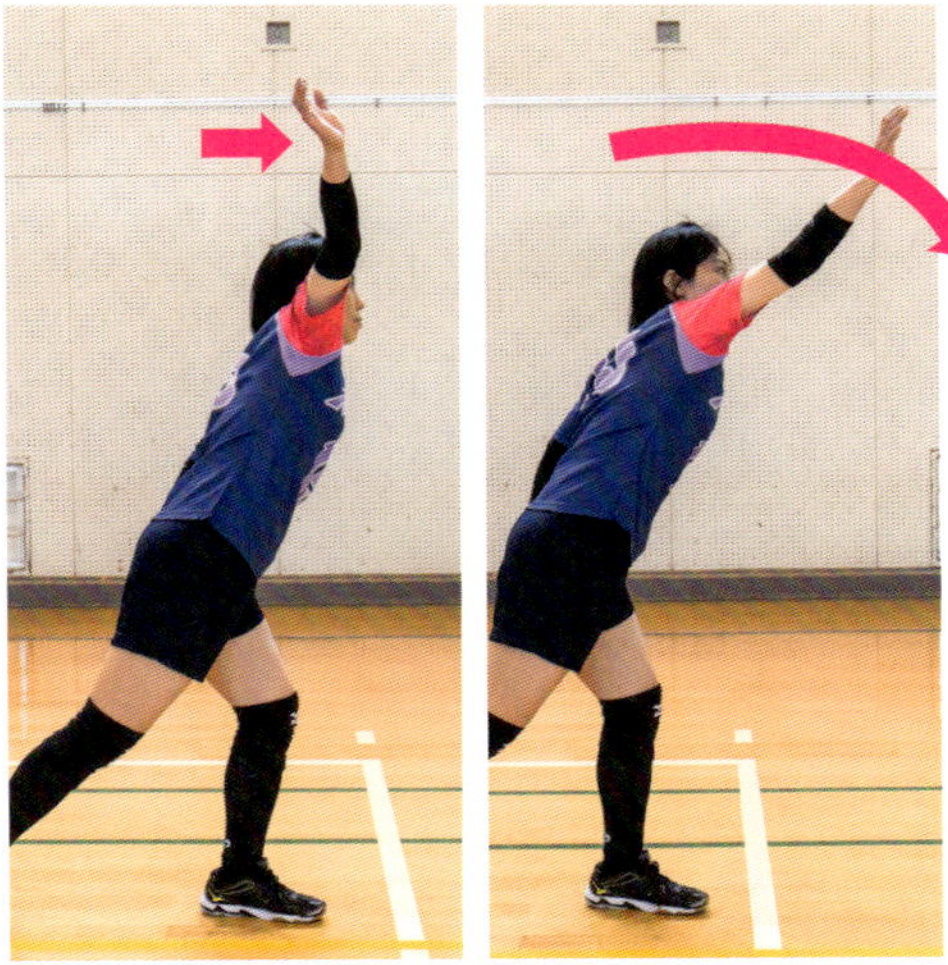

コースは腰の回転を利用し、体の開き具合で打ち分けます。つま先の向きや手首の返し方によって調整しましょう。手を止めるようにしてミートするとボールは落ち(写真左)、押しつけるようにすると伸びます(写真右)。

Check!!
チェック項目

- □ 手のひらの下部分でボールをとらえているか？
- □ トスは低めで同じ位置に上がっているか？
- □ 打ちたいコースに足先が向いているか？
- □ 腰をしっかり回転させているか？

前方に上がった
ボールを
しっかり確認
右ヒザを
上げる意識で
ジャンプ
ボールを
追いかけるように
左足で踏み切る

ジャンプフローターサーブ

敵が落下地点を予測しづらい高度なサーブ

苦手克服のポイント

ポイント1 前方のトスを見ながら踏み切る！

トスはフローターサーブよりも、前に上げます。ブレないよう、両手で上げてもいいでしょう。エンドラインに向かって斜めに助走し、左足（左利きの場合は右足）で踏み切ります。ボールから目を離さず、中心をミートします。

ポイント2 ボールを追いかけるように打つ！

高い位置からボールを打つことで、ボールが相手コートに到達するまでの時間が短くなります。ボールに回転をかけずに打つと不規則に変化するので、相手はコースや落下地点がより予測しづらくなります。

Check!! チェック項目

- □ トスは体の前方でとらえているか？
- □ 助走のとき、ボールを追いかけているか？
- □ 左足で踏み切っているか？
- □ 腰をひねるようにして重心移動を行っているか？

基本その1

トスは常に同じ位置に上げる！

トスの感覚と動きをマッチさせる

いつも同じ高さ、タイミングでサーブのトスを上げるための練習です。床にテープ等で目印をつけ、決まった位置にボールが落ちるようにトスを上げます。自分が描いているトスの感覚と体の動きをマッチさせましょう。

1 床にテープ等で目印をつけてトスを上げる

2 高い確率で目印にボールが落ちるように意識する

3 正確なトスを上げられるように繰り返し行う

基本その2

ジャンプフローターをマスターする！

距離を縮めて打つ

ジャンプフローターサーブを打ったことがない人は、いきなり距離のあるサーブを打つのは難しいため、6人制で使用するアタックライン（ネットから3m離れた位置）から打ちましょう。まずはネットよりも高さのある正確なトスを上げ、高い位置でボールをとらえる意識をもちましょう。

1 ネットから3mほど離れた所から助走を開始

2 通常のフローターよりも高めにトスを上げる

3 ボールを追いかけるように高い位置から打つ

練習［サーブ］

応用その1

コースを狙える ようになる！

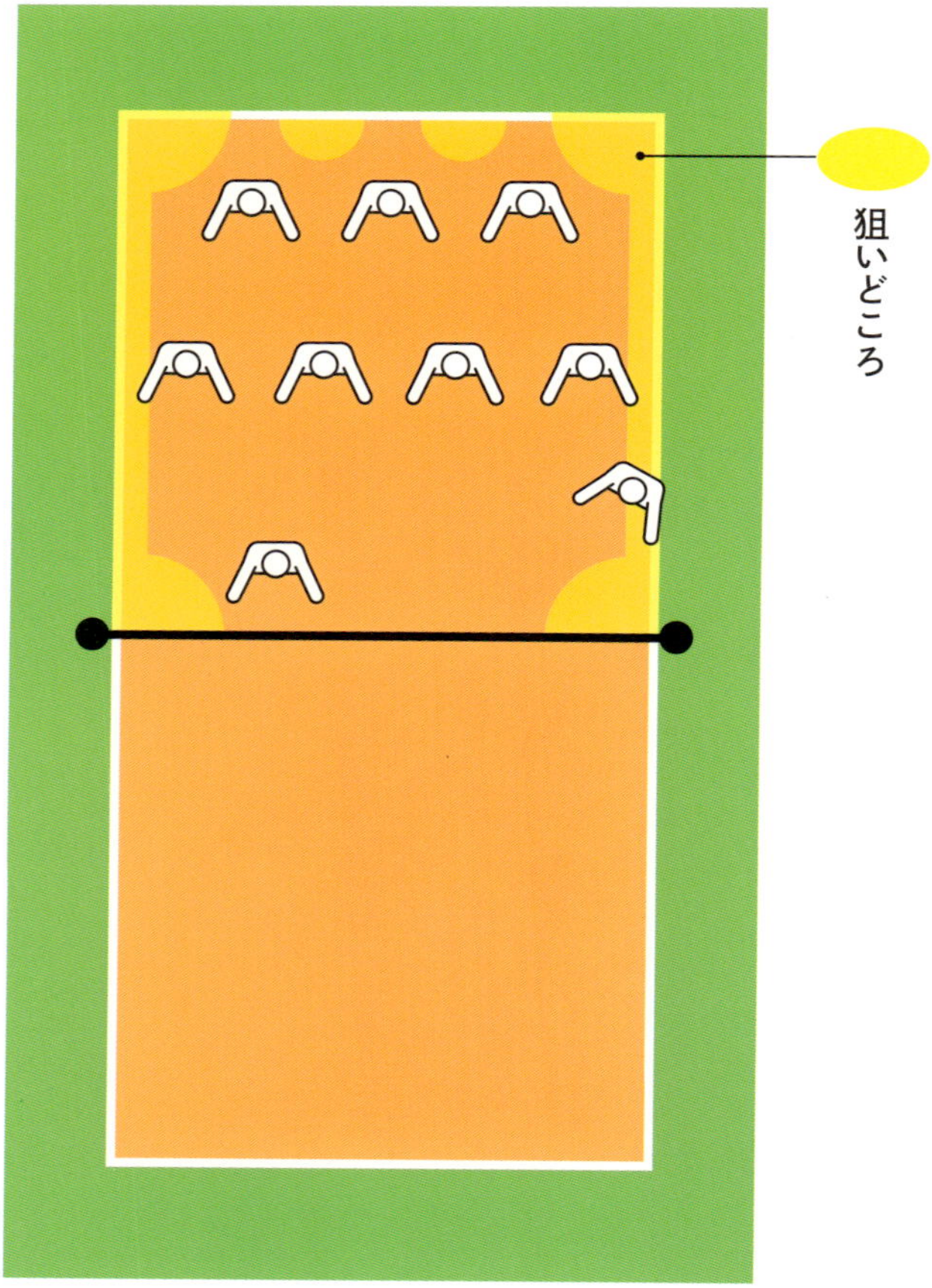

相手の弱点を狙う！

サーブ練習は、必ずコートに目標物を置いて練習することが大切。コーンや布等の目標物を、人がいないところに置きます。9人制はハーフにマルチプレーヤーを配置するため、相手の得意な場所ではなく自信のなさそうな選手を狙えるようになりましょう。

応用その2

相手に慣れさせないサーブ順

サーブ順：例

- ① ファーストサーブが入る確率が高い選手
- ② 最も確実で得点力が高い選手
- ③ 1・2とは違う球質のサーブを打てる選手
- ④⑤ 3とは違う球質のサーブを打てる選手
- ⑥⑦⑧ サーブ力がやや落ちる選手
- ⑨ 確実にサーブが入る選手

球質の違うサーブで変化をつける!

球質の違うサーブを交互に打ち、サーブ順で変化を与えることも重要な戦術です。前衛の選手はサーブ後、ブロックにつかなければいけないため、前衛のサーブ順が続くとブロックに支障が出るので注意。得点をスムーズに加算できる順番を考えましょう。

コラム❷

ルールの特徴

プレーに制限のない、フリーポジション制

　９人制バレーボールの場合、６人制のようなローテーションがないのが大きな特徴です。原則としてポジションもフリーで、プレーの制限もありません。すべての選手がスパイクやブロックなど自由にプレーできるのです。

　また、ブロックで触れた回数を１回とカウントするのも９人制ならではのルールです。ママさんバレーは、ブロックした選手が続けてボールに触れるとドリブルの反則を取られます。

　さらに、ボールがネットに触れると、誰でももう一度、プレーすることができます。これも６人制にはないルールで、ネットプレーと呼ばれます。通常は３回で相手コートにボールを返さなければいけませんが、ネットプレーを使うと合計４回までボールに触れることができます。

　サーブにも大きな特徴があり、９人制の場合は１回目を失敗しても、２回目を打つことができます。また、サーブがネットに当たって相手コートに入った場合は、成功と認められません。サーブ順を間違えると反則になるので、あらかじめ確認しておきましょう。

3

第3章

ブロック

Block

ママさんのブロック

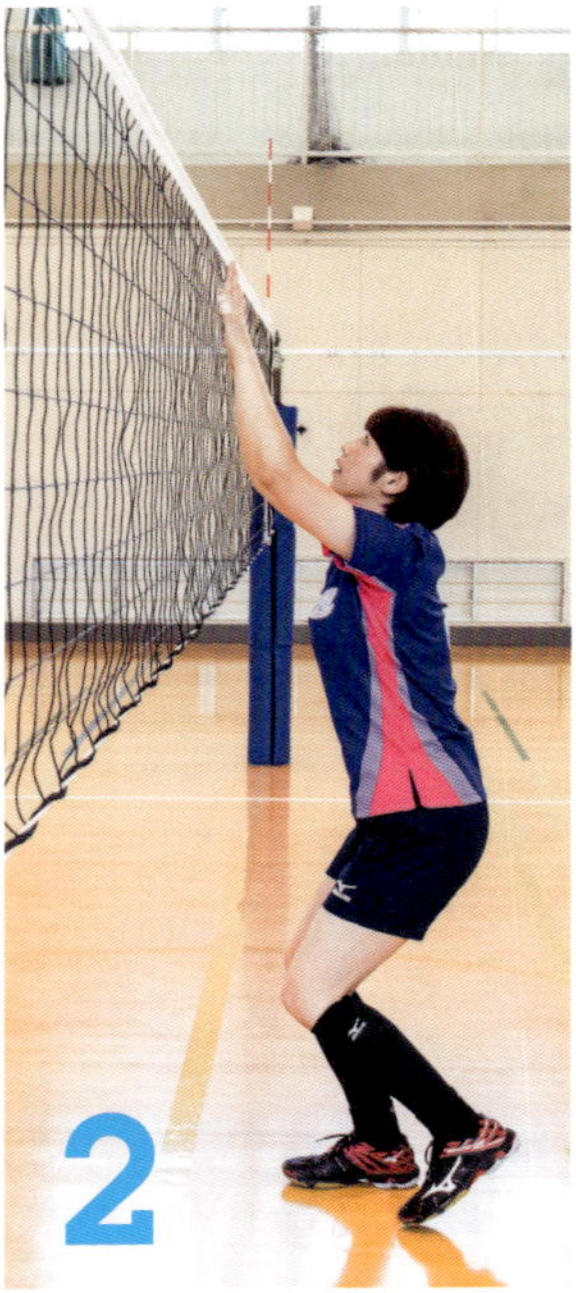

ブロック力アップが勝利の秘訣

昨今、ママさんバレー界の攻撃力は年々上がっています。チーム一丸となって勝利するためには、ブロックのレベルアップが求められます。ブロック力がある選手は相手のスパイクコースを限定してくれ

ママさんのある!ある!ブロック

- どこで跳んだらいいかわからない…
- ブロックアウトをとられてしまう…
- ブロックを吸い込んでしまう…

解決!!

ママさんブロックの鉄則

るので、後ろで守るレシーバーがコースに入りやすく、チームの守備も安定します。

ブロッカーは、サーバーがどこにサーブを打つかをあらかじめ確認しておくと、相手の攻撃を予測しブロックを絞ることができます。普段の練習時から積極的にブロック練習に取り組みましょう。

白帯を越えないように体はまっすぐ

その1 ブロックのうまい選手を基準にする

2～3人でブロックをするときは、ポジションに関係なくブロックを得意とする選手を基準に動きます。ブロックが苦手な選手は、基準となる選手の動きについていくように移動します。基準となる選手を中心に動いてブロックするのが効率のいいブロックといえます。

その2 白帯の延長戦上に手をすり出す

9人制のブロックは、ネットを越えて相手コート内のボールに触れると、オーバーネットの反則となります。そのため、白帯の延長線上に手をすり出すようにしてブロックします。体をまっすぐ垂直状態でジャンプし、ボールにはじかれない姿勢を保つことが大切です。

ブロックの基本フォーム

相手スパイカーのボールに負けないフォーム

ネットと体の間に
空間をつくると
肩への負担も少ない
足は肩幅くらい
に開いて
動ける準備

苦手克服のポイント

ポイント1 肩甲骨を使って固いブロックを作る

ボールをはじかない固いブロックは、ネットに近すぎず、ネットと体の間に空間をつくったところで構えます。肩を腕の根元から上げるようにして手を上げると、腕にしっかり力が入る姿勢を作ることができます。

ポイント2 着地するまで手のひらに力を入れる

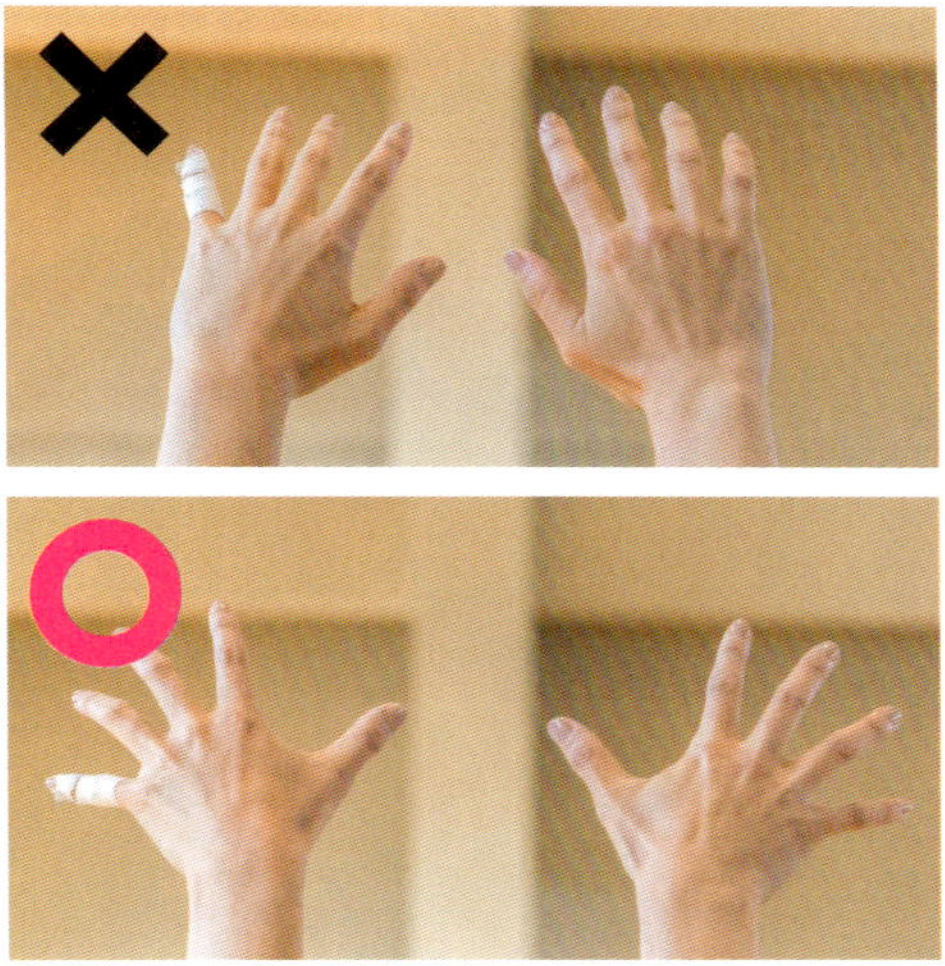

ブロックの時は、指先を外に向けたほうが力は入りやすいでしょう。「大きく」「広い」手をつくることを意識します。また、ブロックの降り際は体の力が抜けやすく、ブロックアウトを狙われやすいので注意しましょう。

Check!!
チェック項目

- □ ネットと体の間に空間はあるか？
- □ 白帯より前に手は出ていないか？
- □ 肩甲骨を使っているか？
- □ 指先は左右、外側を向けているか？

ブロックの移動

動きがバラバラにならない
ブロックの移動

アタッカーの
動きに合わせて
移動する
1

基準の選手に
合わせて
間をつめる
2

手のひらを
しっかり広げて
力を入れる
3

苦手克服のポイント

ポイント1 すばやい移動で早く壁を作る

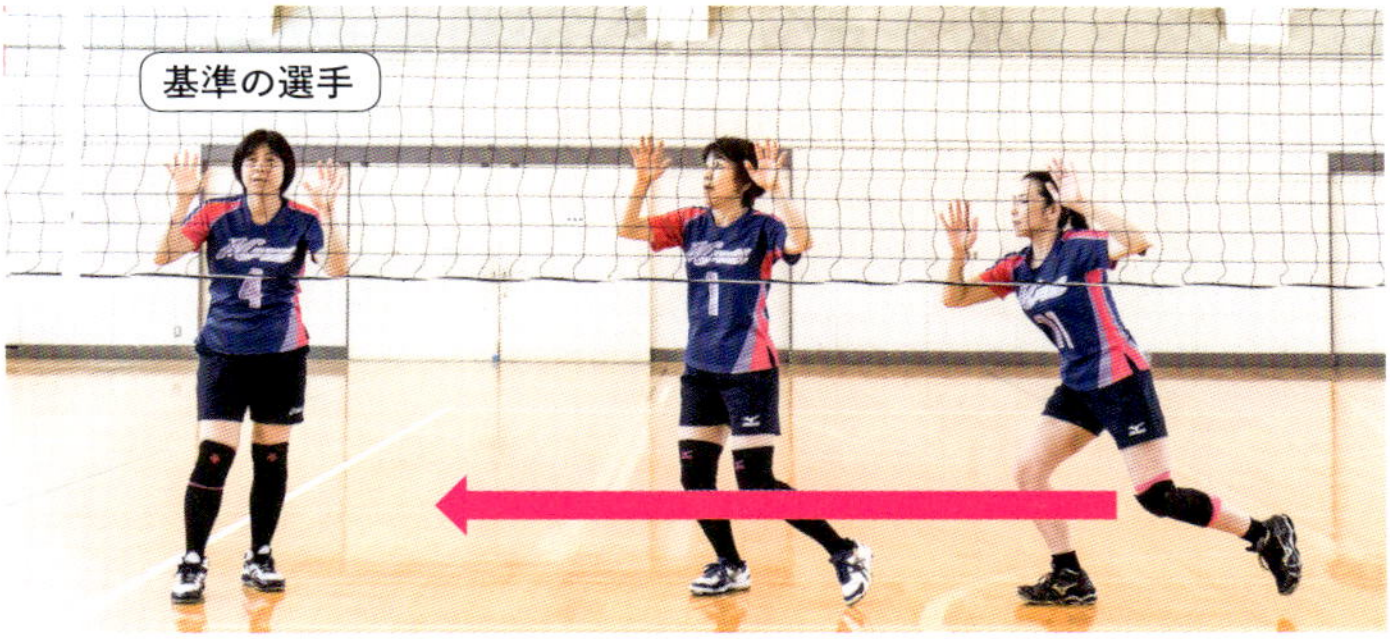

ブロックは、間に隙間ができないように2～3人で跳ぶのが原則です。基準となる選手を決めて、その選手の動きに合わせる意識を持ちましょう。基準の動きに合わせることで、移動の1歩目を早く出すことができます。

ポイント2 ジャンプのタイミングに注意

ジャンプのタイミングが早いと、腕の力が抜けた降り際にスパイクを打たれ、ボールは吸い込まれてしまいます。ママさんはスパイカーの打点が低いため、手首さえ出ていればワンタッチできる可能性があるので、早く跳び過ぎないようにしましょう。

Check!!
チェック項目

- □ ブロックの基準となる選手が決まっているか？
- □ 基準となる選手の動きに合わせているか？
- □ 同じタイミングでジャンプしているか？
- □ ブロックに隙間はないか？

基本その1

ブロックの基本フォームを身に付ける!

ゴムの位置を基準にする

基本のブロックフォームを身に付ける練習です。アンテナのネットから20cmほど上の位置に、ゴムをくくりつけてピンと張ります。ゴムよりも向こう側に手が出ないように、オーバーネットに注意してジャンプしましょう。

1 ヒジを上げた状態でジャンプの準備に入る

2 手のひらを白帯にするようにしてジャンプ

3 連続でジャンプしてもフォームが崩れないように

基本その2

ブロックの移動スピードを速くする！

1 ネットを挟んで向き合い、
ボールを持つ人は移動する

相手の動きに反応する

相手の動きにすばやく反応して、ブロックの移動の速さを身に付ける練習です。ボールを持っている人は、距離を変えたり、フェイクをかけて変化をつけていきます。慣れてきたら、2枚ブロックでボールを追いかけて、ブロックの動きをそろえていきましょう。

2 ブロックする人はそれを追いかける

3 ネット上にボールを出したらジャンプし
移動を繰り返す

応用その1

アタッカーの動きに合わせてブロックする！

ブロッカーの視界からボールを消す

アタッカーの動きに合わせてブロックする練習です。いいブロックはボールの動きに合わせるのではなく、アタッカーの跳ぶタイミングに合わせることです。この練習ではボールの動きを視界から消し、アタッカーの動きだけに合わせてブロックに集中することができます。

1 ブロッカーの後ろからネット越しにボールを投げる

2 そのボールに合わせてアタッカーはダイレクトスパイクを打つ

3 アタッカーの動きに合わせてブロックに跳ぶ

応用その2

接地面がネットを越えないようにブロック

オーバーネットの基準を確認

ギリギリのところで相手アタッカーにプレッシャーを与えられるように、オーバーネットの基準を把握しましょう。基準となるのは、ボールが当たった位置。ブロッカーの手や腕の接地面がネットを越えてしまうと、オーバーネットの反則をとられます。ネット上でブロックできるように、しっかりタイミングを図ってジャンプしましょう。

ボールの接地面が相手のコートに入らないようにジャンプ

空中でバランスを崩さないように意識する

コラム③

大会の種類とカテゴリー

年齢・世代・レベルごとに分かれている全国大会

ママさんバレーの大会は、誰でも楽しめるように年齢やレベルによってカテゴリー分けされています。自分に合った大会を見つけて、気軽に参加しましょう。

●全国ママさんバレーボール大会

ママさんバレーの中で最も伝統がある大会。第1回は1970年に開催され、第34回大会からは全国各地で持ち回り開催されるようになりました。都道府県の予選を勝ち抜いたチームが参加でき、一生に一度しか出られません。

●全国家庭婦人バレーボールいそじ大会

各都道府県の予選会を経て推薦されたチームが出場できます。参加資格は、その年の4月1日に50歳に達していること。また、過去3大会にプレーヤーとして出場した人は出られません。

●全国家庭婦人バレーボール ことぶき（おふく）大会

ママさんバレーを〝生涯スポーツ〟として楽しむ60歳以上（おふくの部は70歳以上）の女性が参加。1チームにつき1日2試合、2日間で計4試合を行います。すべてグループ戦とし、決勝トーナメントはありません。

Receive 4

第4章

レシーブ

ママさんのレシーブ

ママさんの**ある!ある!**レシーブ

- 前方のボールがとれない…
- オーバーハンドカットは苦手…
- 味方のカバーに反応できない…

解決!!

ママさんレシーブの鉄則

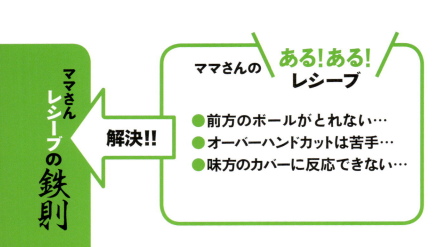

絶えず変化するボールに反応する

6人制に比べて人数が多い9人制は、当然のことながら各選手の守備範囲も狭くなります。

ただし、ブロックで相手のスパイクに触れるとコースが変わり、ときには相手のフェイント攻撃により、ボールは絶えず変化します。

ブロックに跳ばない前衛の選手もレシーブに参加するので、それぞれの役割を見極めて、どんなボールにも柔軟に対応できる構え方を身に付けることが大切です。

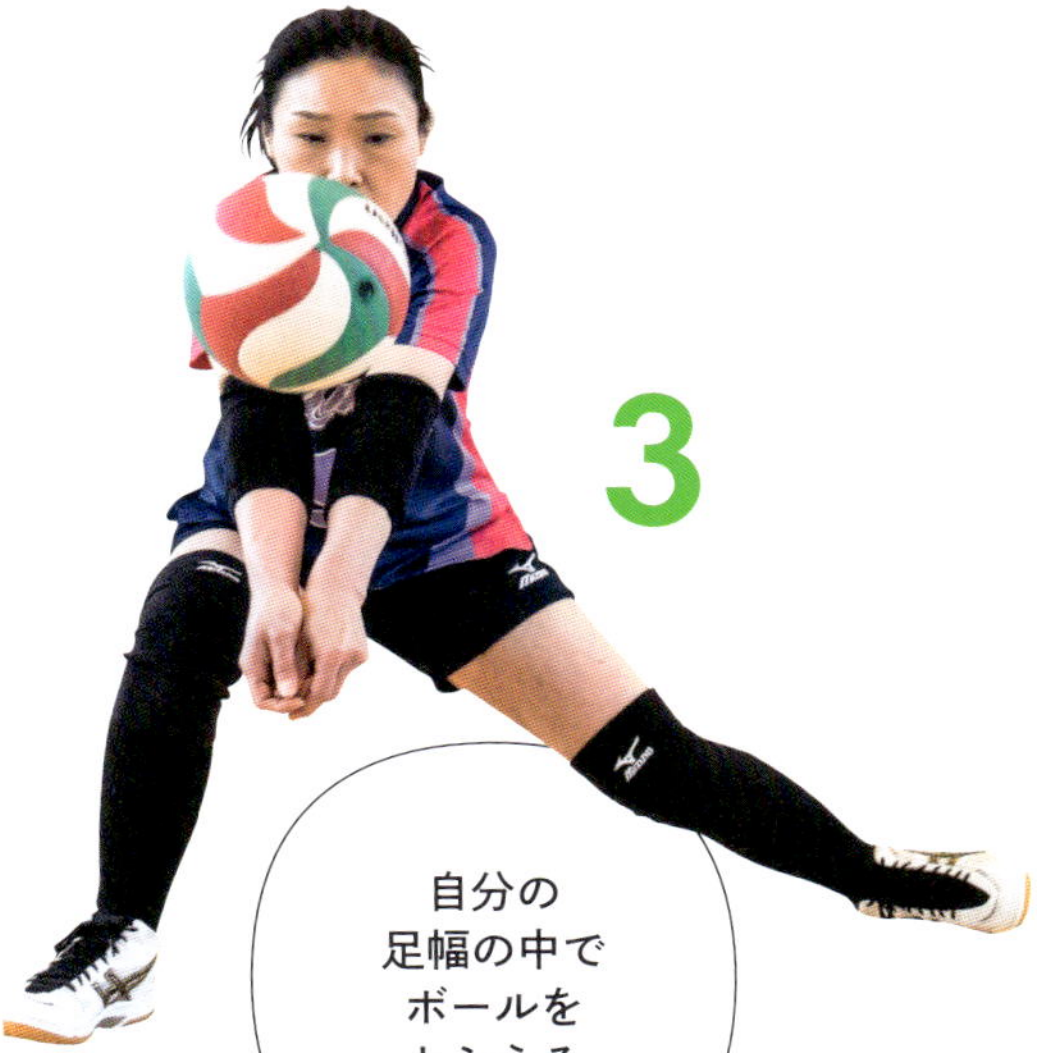

3

4

自分の足幅の中でボールをとらえる

その1 腰を低くし過ぎない

強打を想定して極端に低く構えると、フェイントなどの緩いボールに対応できないことがあります。ポイントは、ボールの落下地点までスムーズに移動できる腰の高さをキープすること。リラックスして構えることが大切です。

その2 ブロックで接触したボールにも反応

ブロックでの接触が1回に数えられるため、レシーバーは次のタッチをトスにしなければいけません。レシーバーには変化したボールに反応し、トスにする技術が求められます。誰もが「第2のセッター」という意識を持ちましょう。

スパイクレシーブの基本フォーム

強いボールに対して反応するためのフォーム

アゴを引いて
ボールと腕の
接地面を見る
ボールが
きた方向の足に
重心を乗せる

苦手克服のポイント

ポイント1
足幅を広げて大きい面をつくる

ポイントは足幅をとることです。相手のスパイクに対して手だけを先に出すと、歩幅が狭くなりボールの勢いに負けてしまいます。そうではなく、足を先に出すことで歩幅が広くなり、ボールを受ける「面」が大きくなります。

ポイント2
足幅をとって重心移動する

ボールが左右にくるときも、常に足幅を広く保てるようにしましょう。足幅が狭くなり、ボールを足幅の中でとらえることができないと、ボールは逃げてしまいます。足幅をとった状態で、左右の重心移動を心がけましょう。

Check!!
チェック項目

- □ 重心移動の姿勢をスムーズにできるか？
- □ ボールがくるときに足を先に出しているか？
- □ ボールがくる方向の足に重心は乗っているか？
- □ ボールは足幅の中でとらえているか？

移動しながらのレシーブ

足首を意識して
ボールの下に移動する

ボールが
くる方向の足を
先に出す
足首の可動域を
柔らかく使う

苦手克服のポイント

ポイント1 足首を使って前傾姿勢をつくる

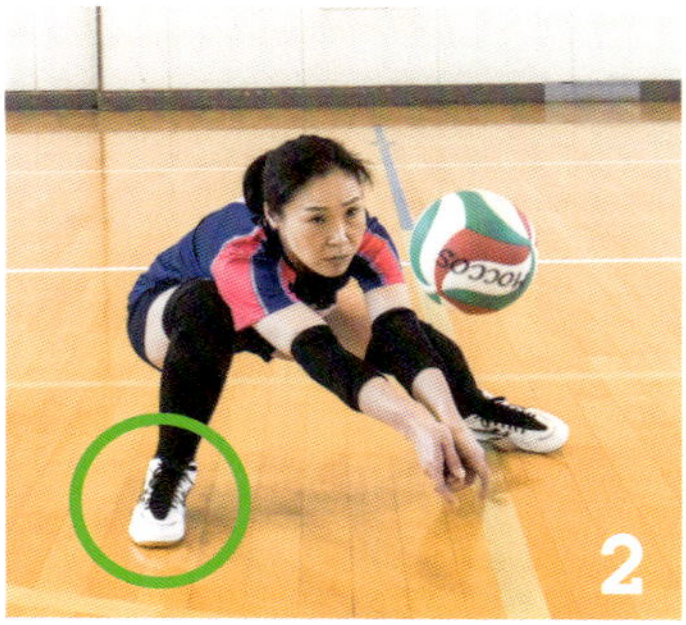

ママさんバレーは緩いボールがくることが多いので、足を使った守備を心がけましょう。重要なのが足首。足首が柔らかいとヒザが自然と前に出て、前傾姿勢がとれます。重心も乗って、スムーズに動くことができます。

ポイント2 ボールから目を離さず後退する

頭上を越えそうなボールは、半身の姿勢でレシーブします。ボールを正面にしたまま後退すると、バランスを崩して転倒する恐れがあります。ボールがくる方向に足を出し、アンダーハンドでできるだけ高く上げることを意識しましょう。

Check!! チェック項目

- □ 自分の足首は硬いか？ 柔らかいか？
- □ 手よりも足を先に出しているか？
- □ 後方のボールは半身でレシーブしているか？
- □ 後方のボールに対しても足を先に動かしているか？

オーバーハンドレシーブ

胸よりも高い位置のボールは
オーバーで処理する

苦手克服のポイント

ポイント1 高い位置にきたボールはオーバーで返す

相手のスパイクが胸よりも高い位置にきたら、オーバーハンドで返します。アンダーハンドよりも正確にボールをコントロールでき、使いこなせると守備範囲が広がります。ヒジを顔の前に上げて、ボールをとらえましょう。

ポイント2 フラフープで安定する形をイメージ

構えはオーバーハンドパスと同じ。重心を前にかけて、できるだけ前でボールをとらえます。フラフープなどで形をイメージして練習しましょう。低いボールも、すばやく体を入れるとオーバーハンドで上げられます。

Check!! チェック項目

- □ ヒジは上がっているか？
- □ 体の前でボールをとらえているか？
- □ 重心は安定しているか？
- □ 足幅は狭くなっていないか？

体を守るレシーブフォーム

体への衝撃を軽減する身のこなし

1

ボールの
落下地点を
確認しながら
移動

2

体を手首から
床へ滑らすように
姿勢を下ろす

3

手首、ヒジ、
脇の下の順で
滑らせていく

4

苦手克服のポイント

ポイント1 少しずつ体を滑らせていく！

左右前方のボールに飛びこむようにレシーブするときは、床に胸や腰、ヒザを打ち付けないように注意しましょう。体への衝撃を軽減するには、ボールがくる方向の腕でボールをヒットし、そのまま手首、ヒジ、背中へと徐々に滑らせていきましょう。

ポイント2 頭を打ち付けない身のこなし

床に滑り込んだ際、頭を打ち付けないように注意。アゴを引いた状態で着地できる身のこなしを覚えましょう。起き上がりながら、ボールの行方を目で追うことが大切。起き上がったら、すぐに自分のポジションへ移動しましょう。

Check!! チェック項目

- □ 手首、ヒジから体を床へ滑らせているか？
- □ 滑ったときに衝撃はないか？
- □ 頭や腰は打ち付けていないか？
- □ レシーブ後、目でボールを追いかけているか？

レシーブのフォーメーション

チームの特徴を活かして守備範囲を決める

5-1-3 の基本フォーメーション

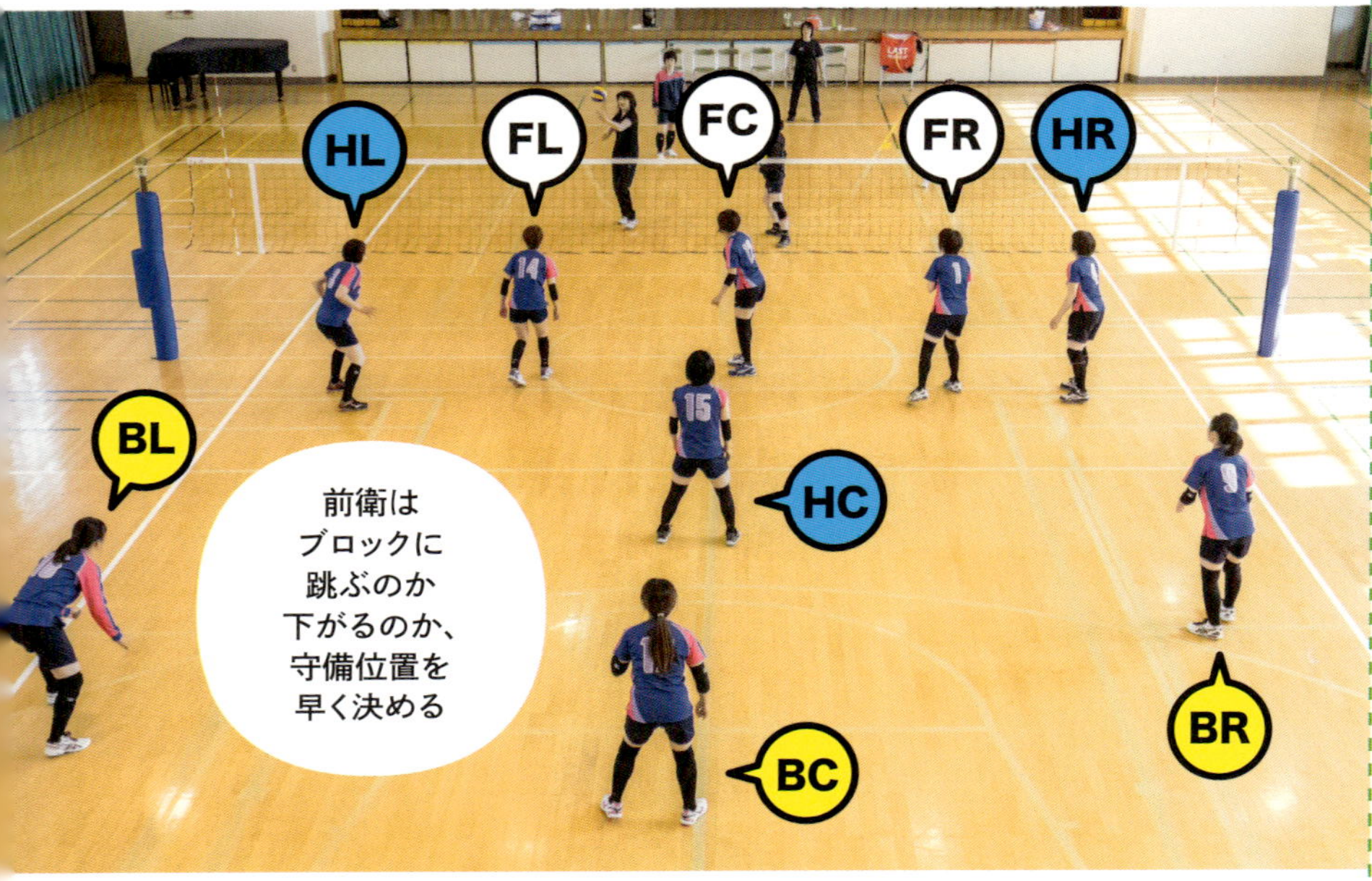
HL
FL
FC
FR
HR
BL
HC
BR
BC
前衛は
ブロックに
跳ぶのか
下がるのか、
守備位置を
早く決める

5-1-3 相手がセンターから攻撃してきたとき

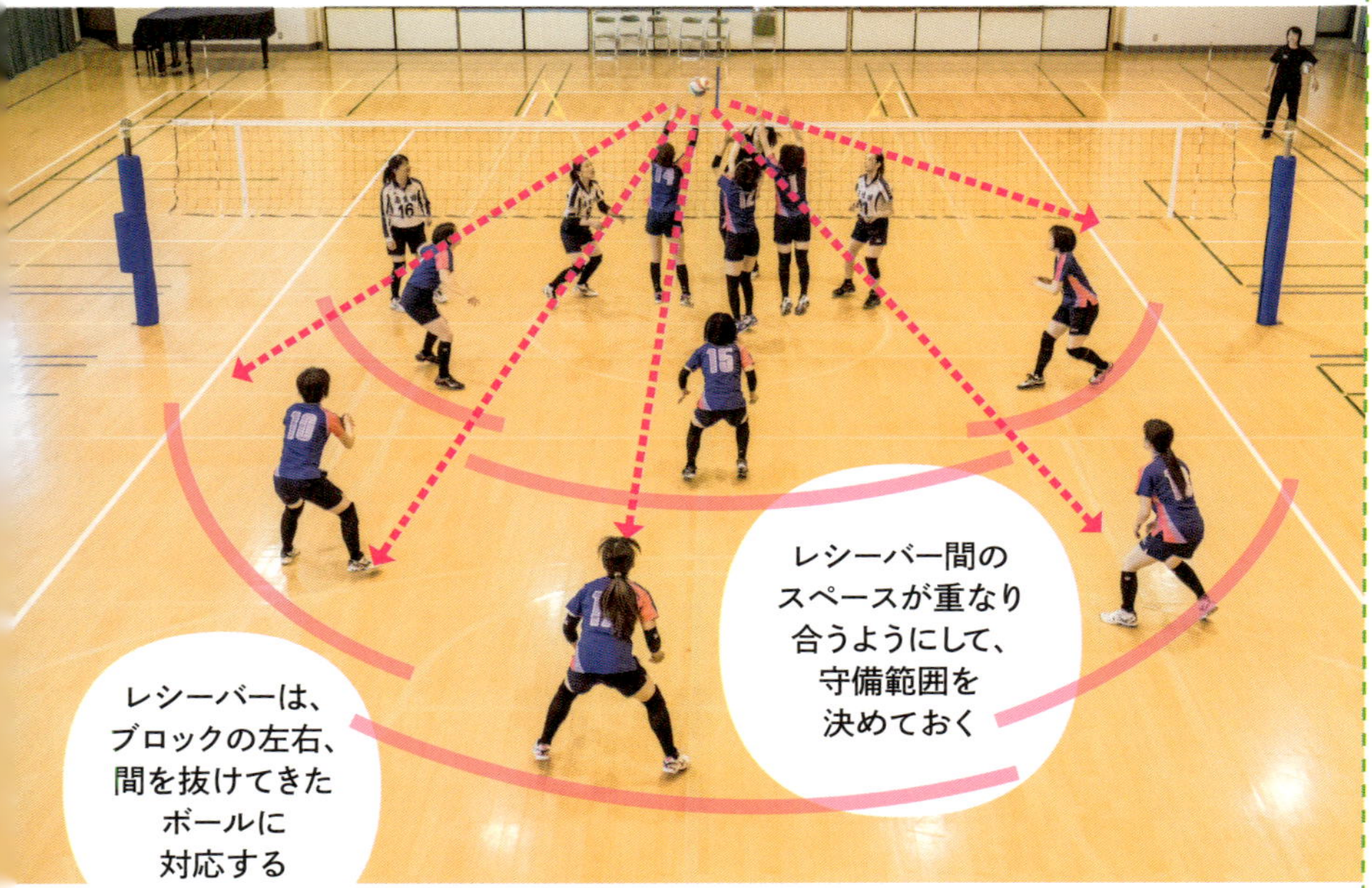
レシーバー間の
スペースが重なり
合うようにして、
守備範囲を
決めておく
レシーバーは、
ブロックの左右、
間を抜けてきた
ボールに
対応する

苦手克服のポイント

ポイント1 高さやブロック力で勝負する布陣

5-1-3の基本フォーメーション

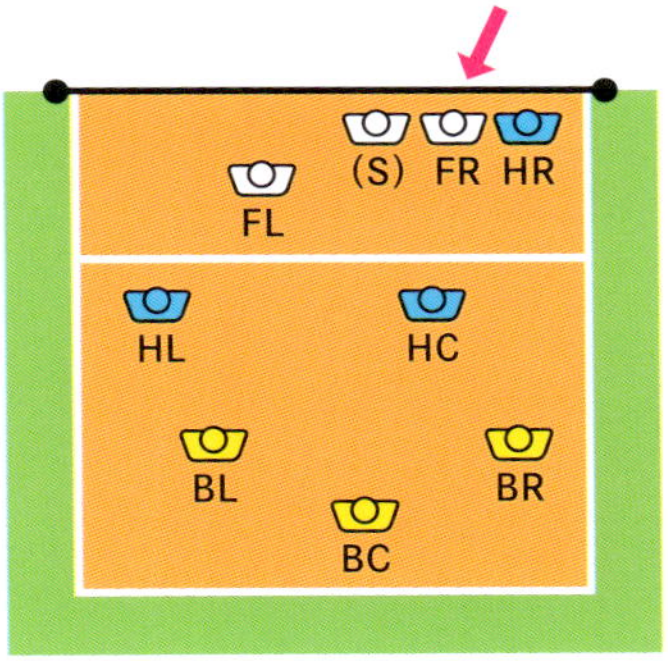

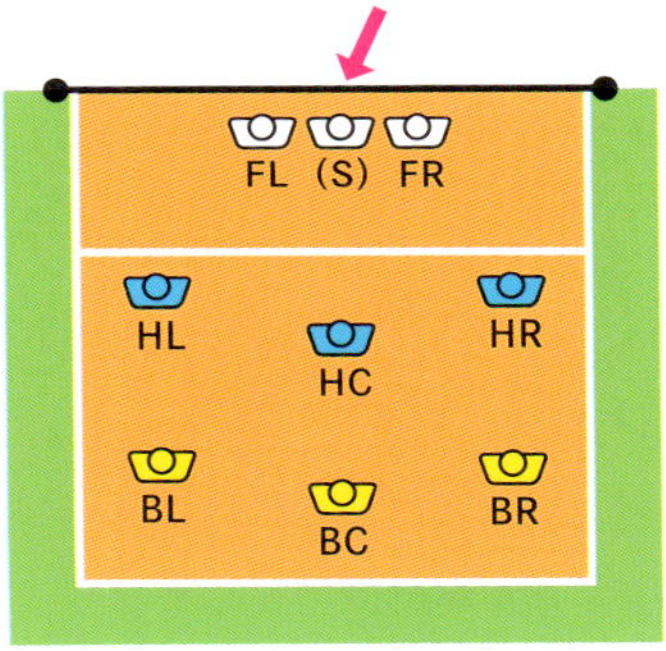

前衛に高さがあり、ブロックが得意な選手がそろっていれば、前衛を3枚にします。相手のサイドからの攻撃は、ハーフもブロックに跳びます。セッターがトスを上げられないときは、ハーフセンターがボールをつなぎましょう。

ポイント2 守備力とつなぎで勝負する布陣

4-2-3の基本フォーメーション

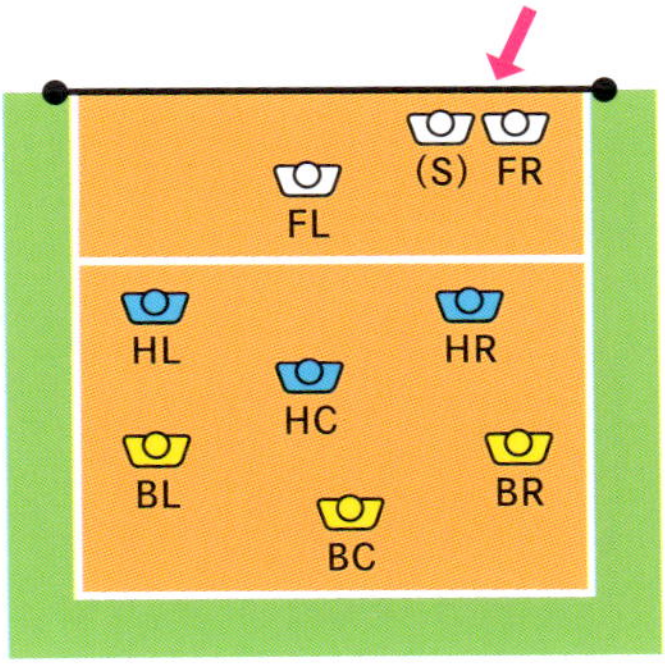

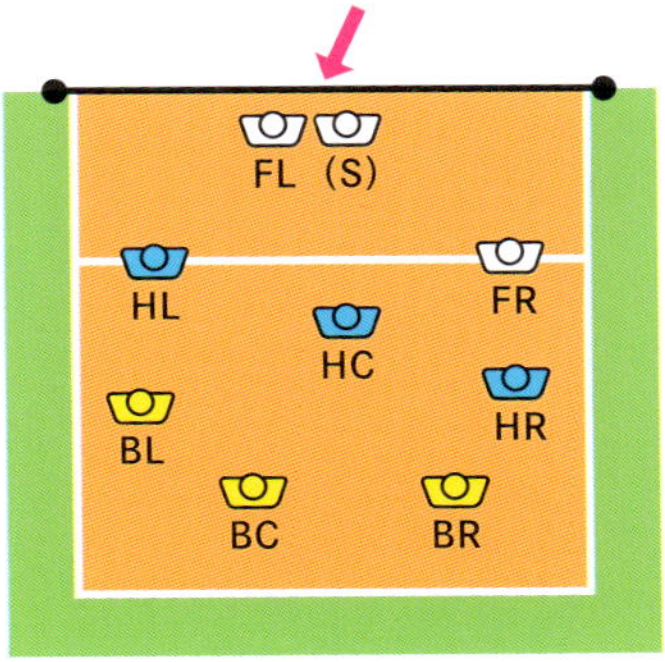

チームに高さがなく守備を固めたいときは、前衛のブロック2枚でハーフと後衛が守備の中心になります。前衛の1人がフェイントカバーに入り、セッターがトスを上げられないときは前衛とハーフは必ず二段トスのフォローに入りましょう。

基本その1

ボールを下半身で吸収する！

腕の上でボールを止める

直上に上げたボールを腕の上で止める練習。ボールから目を離さないようにして下半身を沈ませます。ヒザを柔らかく使えるようになってきたら、直上パスの練習をしましょう。

1 ボールを直上に投げる

2 ボールの落下に合わせて腰を落とす

3 右足に重心を乗せて吸収するように腕の上でボールを止める

基本その2

下半身を固定してレシーブする!

面の角度を意識する

床にヒザをついた状態で、下半身を固定して面を意識するレシーブ練習です。強いボールがきても、面の角度を固定し低い姿勢でボールを待ちます。ボールの下に入るときは、しっかりアゴを引いてボールの勢いを吸収しましょう。

1 ボールを打つ人は高いところから強く打ちます

2 ボールの落下地点を見極めてレシーブ体勢に入ります

3 面を意識してボールを吸収しましょう

応用その1

横にきたボールをレシーブする！

移動しながら4ヵ所をまわる

コート前方中央からボールを出し、4ヵ所（コート後方、前方の左右）から中央に移動し、横にきたボールをレシーブしていきます。移動しながらレシーブするときは必ず移動方向の足に重心を乗せて、ボールを送り出しましょう。

1　1ヶ所に5人ほど並び、コート後方左から1人ずつスタート。レシーブしたら反対に移動

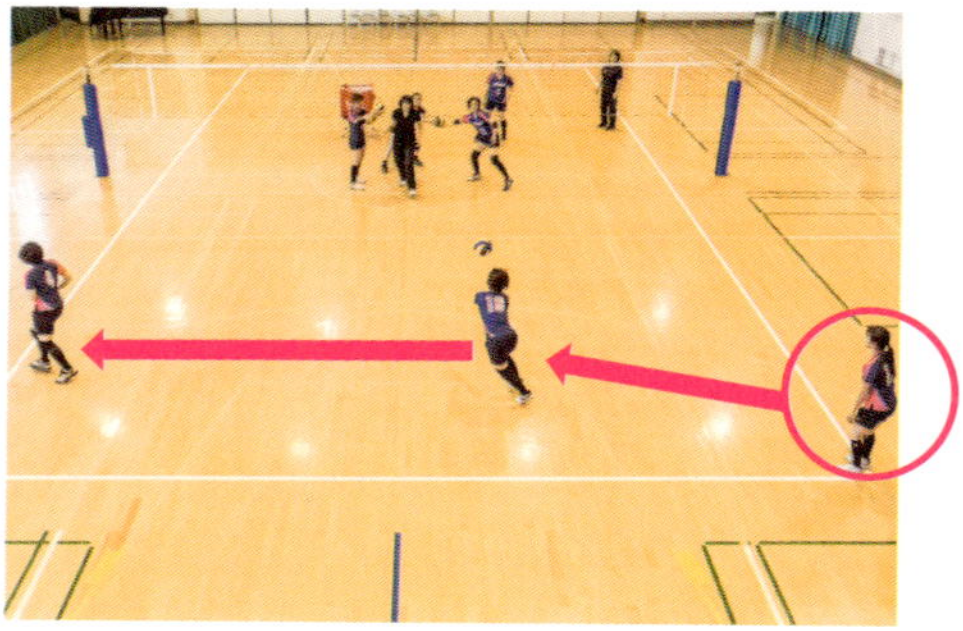

2　次にコート後方右からレシーブし、コート前方左へ流れる

3　コート前方左から中央に向かってレシーブし、反対へ

4　最後にコート前方右からレシーブする

応用その2

ブロックのワンタッチボール に反応する！

ネットを使わなくても練習できる

ブロックに当たったワンタッチボールやこぼれ球に反応するシートレシーブ練習です。試合ではどこにボールがくるかわからないため、試合を想定して予期せぬボールこそ拾えるようにしましょう。ネットを使わなくても、試合をイメージしてできる練習のひとつです。

1 ボールを打つ人はネットの手前で、ブロックをつけた状態で打つ

2 ブロッカーはジャンプしない状態で、わざとブロックにボールを当てて打つ

3 チーム全員でワンタッチボールをレシーブしにいく

コラム❹

ママさんバレーの普及率

北から南まで、日本全国各地で普及

ママさんバレーは、北は北海道から南は沖縄まで、全国9ブロックおよび47都道府県で活動が行われています。

500チーム以上を抱える大所帯が近畿ブロックの大阪。1969年に71チームから発足し、着実に〝バレーボールファミリー〟を増やしてきました。年間10回の研修・講習をはじめ、「ファミリー&カップル大会」や「年齢別大会」など大阪ならではの大会を開催しています。同じ近畿ブロックの兵庫も数多くの強豪チームを有しており、春の「スプリングカップ大会」はテレビ放映されるほどの人気です。

九州ブロックも盛んで、福岡の登録者数は7000人以上。大分のママさんバレーの歴史も古く、連盟が発足して40年になります。亜熱帯に属する沖縄は1979年の連盟設立当初から全国大会の出場を果たしており、〝生涯スポーツ〟としてのママさんバレーが県民に認知されています。

また、全国大会でも常に上位を争っているのが関東ブロックの東京と埼玉。登録人数も多く、強豪チームがしのぎを削っています。

5

Serve

第5章

サーブレシーブ

Receive

ママさんのサーブレシーブ

自分がとるボールだと認識したら移動

ボールを待つ時間と連携が課題

サーブレシーブは、もっとも難しい技術のひとつ。その理由は、相手が打ったサーブが手もとに来るまでに、考える時間があるからです。頭によぎる不安をどうポジティブに変えて技術につなげていく

ママさんの ある！ある！ サーブレシーブ

- サーブがこないといいのに…と思う
- お見合いをしてしまう…
- ボールをはじいてしまう…

解決!!

ママさんサーブレシーブの鉄則

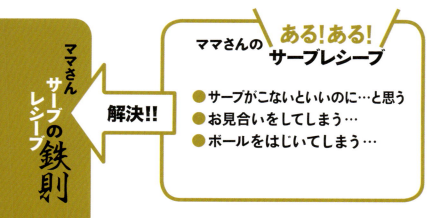

か、それが上達のポイントです。

　サーブレシーブ力アップの最大のコツは、普段の練習からいいサーブを受けておくこと。サーブレシーブがいいチームには、いいサーブを打つ選手がいるものです。それらの基本技術を身に付けた後は、常に試合をイメージして具体的な指示を出し合い、お互いの連携を高めていきましょう。

その1 自分の守備範囲を明確にする

9人制にはローテーションがありません。そのため、サーブレシーブの守備範囲を明確にし、試合を想定したフォーメーションで練習することが大切です。間のボールは誰が取りにいくのか、自分の守備範囲を明確にしましょう。

その2 心理的不安を取り除こう

サーブレシーブが苦手だと、「サーブがこなきゃいいのに…」と心理的に不安になるものです。普段の練習から強いサーブを受けて、積極的に苦手意識を取り除きましょう。自分の守備範囲にきたボールには、自信を持ちましょう。

サーブレシーブの基本

ボールは必ず視野に入る範囲でとらえる

アゴを引いて構える
腕の接地面
腕の接地面が広いところでボールをとらえる
手首に目印をつけて必ず視野に入るところでボールをとらえる

苦手克服のポイント

ポイント1 腕の面は必ず視野に入れる

ボールをはじいてしまうときは、両腕でつくった面が安定しないとき。面が視野から外れるとボールに力が伝わらないため、面が視野に入るフォームを身に付けるのが、ポイント。手首に目印をつけて、それが視野に入るように練習しましょう。

ポイント2 肩よりも上にきたボールはオーバーで

サーブレシーブをオーバーハンドで受けると、早く攻撃に移れるメリットがあります。踏み込んだ足の内側に重心を乗せて、体の前でボールをとらえましょう。相手が安全策を図るセカンドサーブを打ってくるときに有効です。

Check!!
チェック項目

- □ 自分の守備範囲は明確になっているか？
- □ 足幅は狭くなっていないか？
- □ 自分の足幅の中でボールをとらえているか？
- □ ボールは視界に入っているか？

サーブレシーブのフォーメーション

守備範囲を明確にして
チームの連携を高める

4-2-3 基本の布陣

前衛のサイドを
1人ネット際に残し、
サーブレシーブが
乱れたときは
セッターの役割
を補う
S
FR
HL
FL
HC
HR
BL
BC
BR
もう1人の
前衛は
ハーフに入り、
守備を固める
ハーフの位置で
肩より上のボールは
オーバーハンドで
処理するか、
後衛に任せる

Check!!
チェック項目

- □ 9人の守備範囲は明確になっているか？
- □ サーブレシーブするときの面は、セッターに向いているか？
- □ サーブレシーブをしないときでも準備に入っているか？
- □ ポジションを明確にするために声を出しているか？

苦手克服のポイント

ポイント1 面をセッターに向けて意思表示する

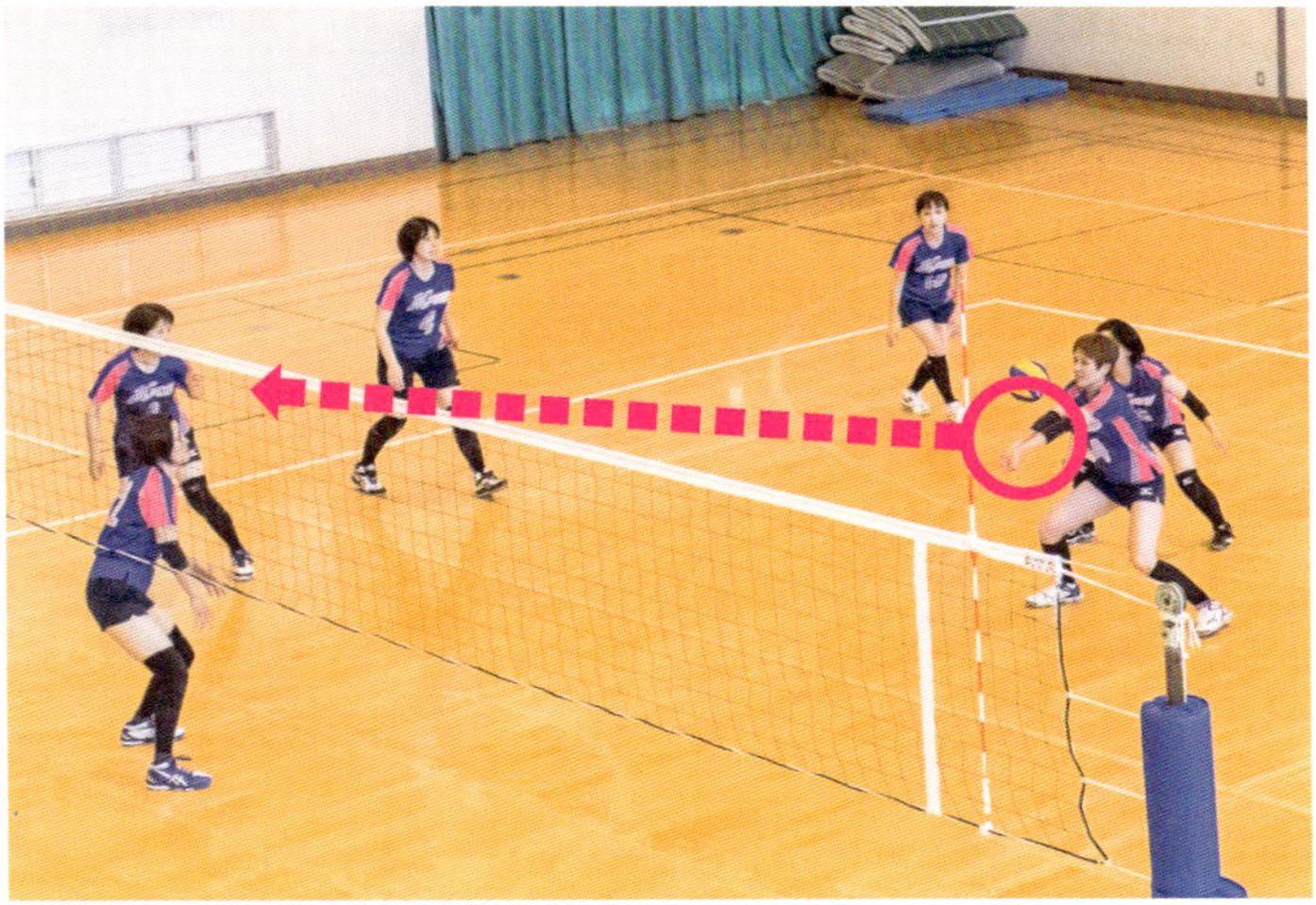

レシーバーは最後まで面を残し、セッターにパスの方向を意思表示します。セッターは面の方向を見て、セットアップの準備に入ることができます。どんな角度のサーブでも、しっかり方向転換してセッターに面を向けられるようにしましょう。

ポイント2 ボールを囲むようにしてつなぎの準備

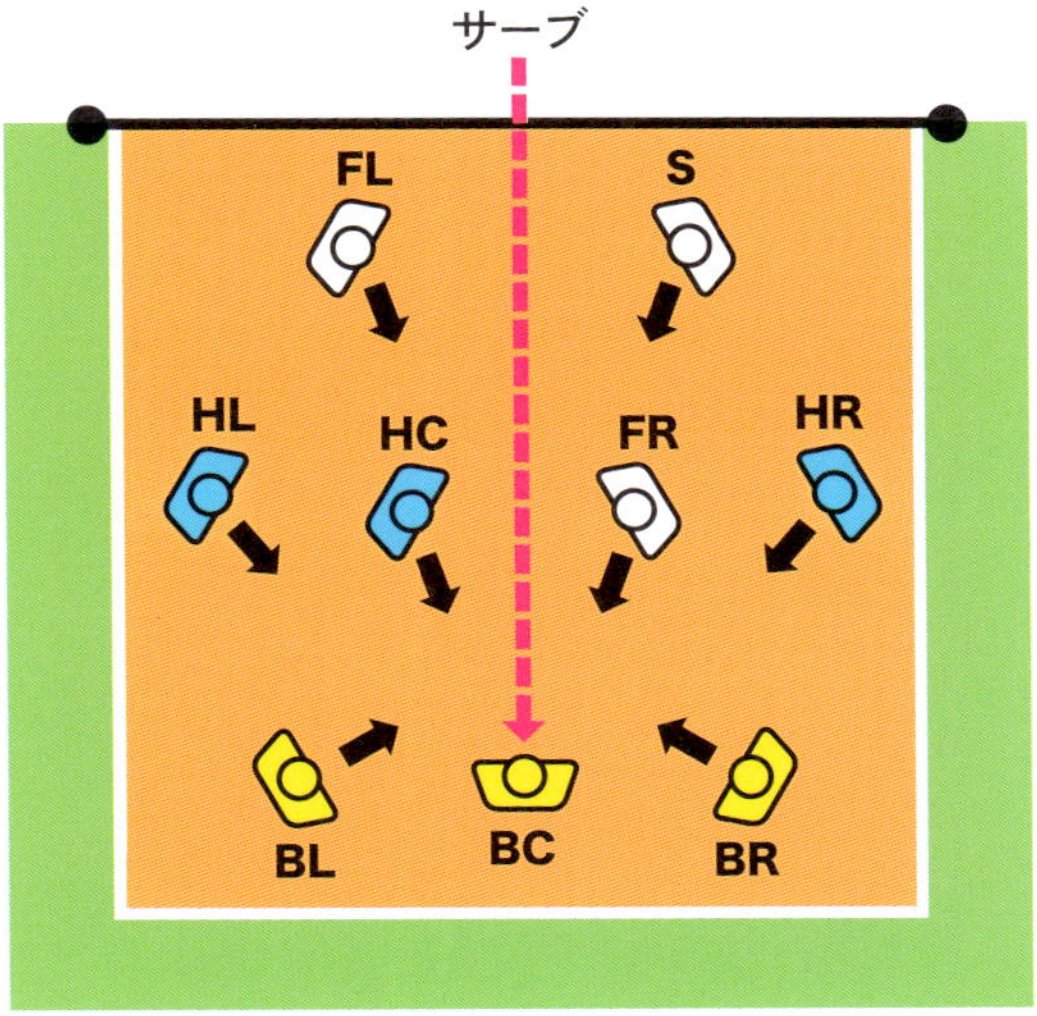

味方がサーブレシーブしたボールは、必ずセッターに返るとは限りません。ボールを囲むようにして、体を向けてつなぎの準備をします。サーブレシーブをする人はセッターに返すのが難しいと判断したら、自分の上にボールを上げましょう。

練習［サーブレシーブ］

基本その1

ボールを正確にとらえて下半身で吸収する!

バケツを使った練習

ボールを迎えにいかずにバケツを使って、ボールをしっかり吸収する練習です。ボールの落下地点まで移動し、ボールの軌道にバケツを合わせて、ボールを待つように下半身を沈み込ませましょう。慣れてきたら、前後左右のボールに対応していきましょう。

1 ボールの落下地点まですばやく移動する

2 ボールがバケツに入る位置で
下半身を落とす

3 ボールの軌道に合わせて
下半身を沈ませる

基本その2

低い姿勢のまま、すばやく移動する！

下半身の強化につながる

この練習も下半身を強化する練習です。8mくらいの距離からボールを転がし、そのボールを追いかけて正面に入り、股の下を通します。重心の移動を意識して動きましょう。低い姿勢を維持することで、下半身の強化にもつながります。

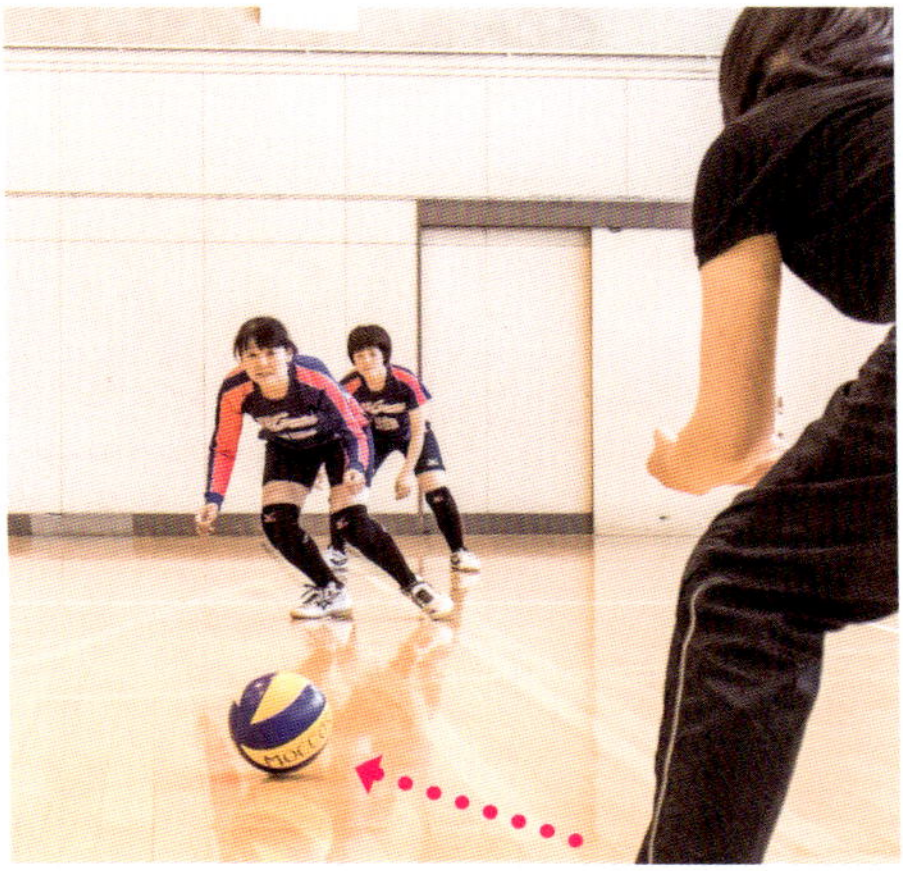

1 8mほど距離を空けて向かい合う

2 スピードを工夫し、左右にボールを転がす

3 正面に入り、股下にボールを通す

応用その1

体を方向転換させて ボールを送り出す！

いろいろな角度へパス

四角形（または三角形）を作り、ひとつのボールをオーバーハンドパスまたはアンダーハンドパスでまわしていきます。ボールを送り出す方向へ、体を回転させるのがポイント。体の方向転換を意識して、いろいろな角度にパスを返せるようになりましょう。

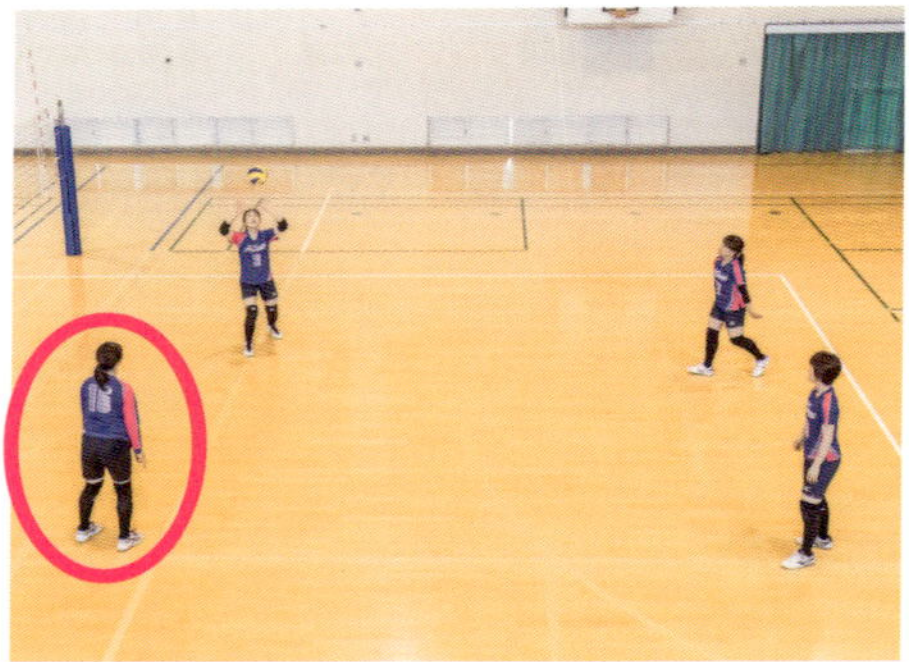

1 ボールがくる方向を向いて準備

2 ボールを送り出すほうに体を回転させながら、ボールの落下地点に入る

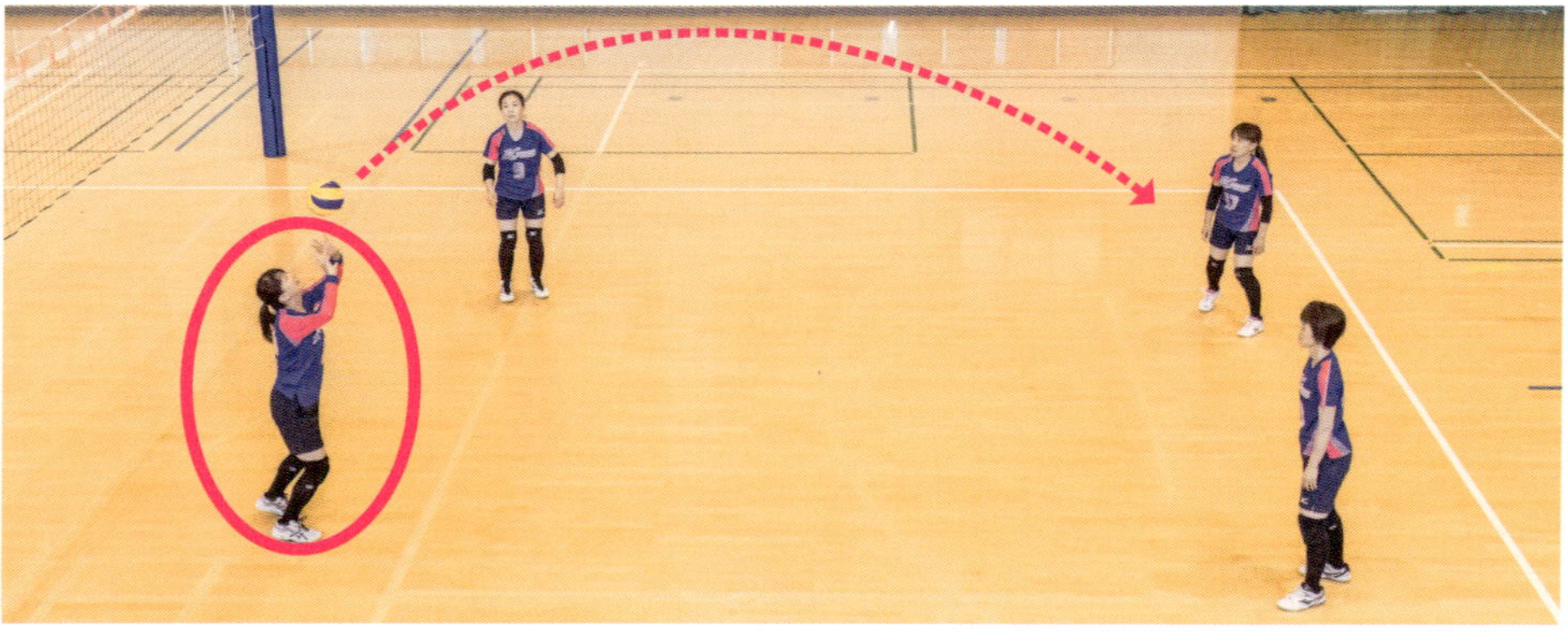

3 ボールを送り出す方向を向いて運ぶ

応用その2

三角形の連携で試合をイメージする！

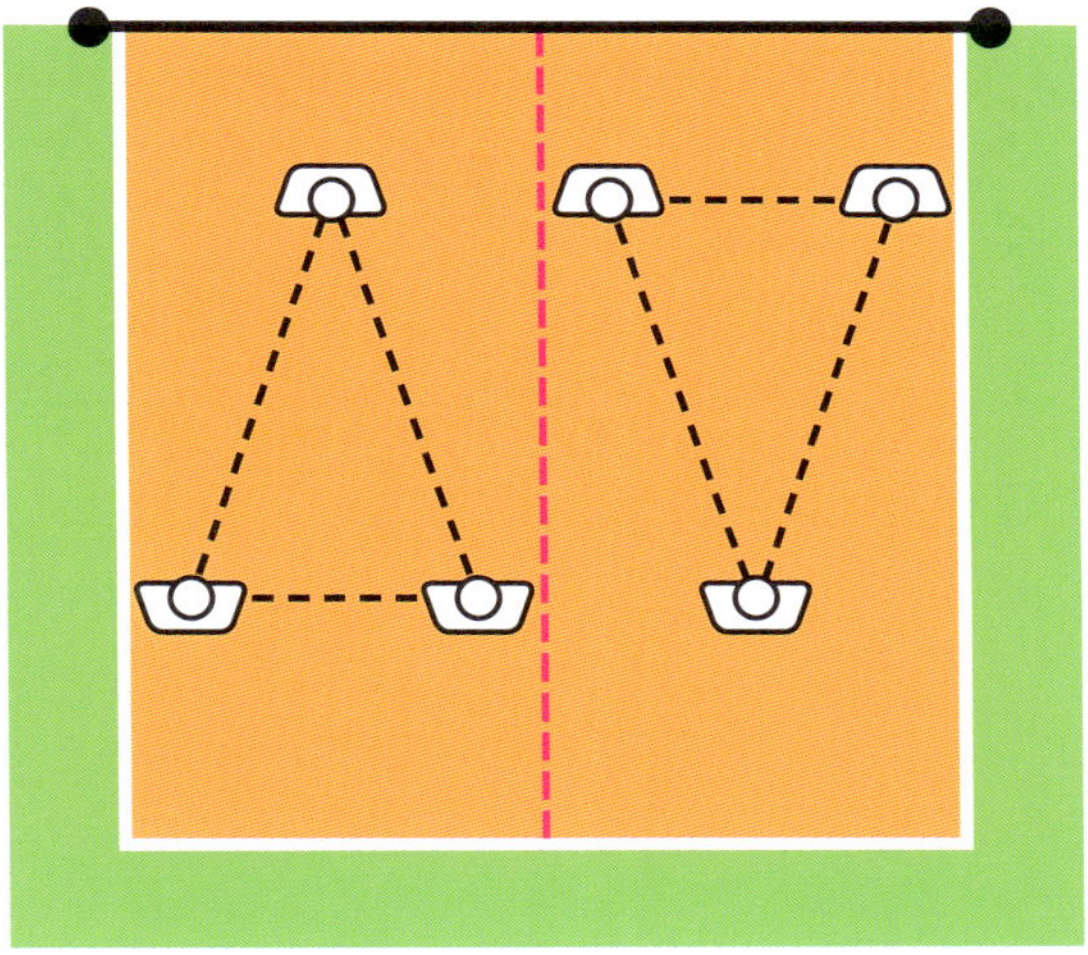

ハーフコートに3人入り、それぞれの三角形を作って、サーブレシーブを行う

前後左右の連携を明確に

個人のスキルが身についてきたら、次に試合をイメージして練習しましょう。ハーフコートで三角形を作り、それぞれの守備範囲と間のボールは誰がとるのかを決めて連携を作っていきます。試合ではこの三角形が基本の連携となります。そのまま9人のフォーメーションに当てはめて、実戦の練習を行っていきましょう。

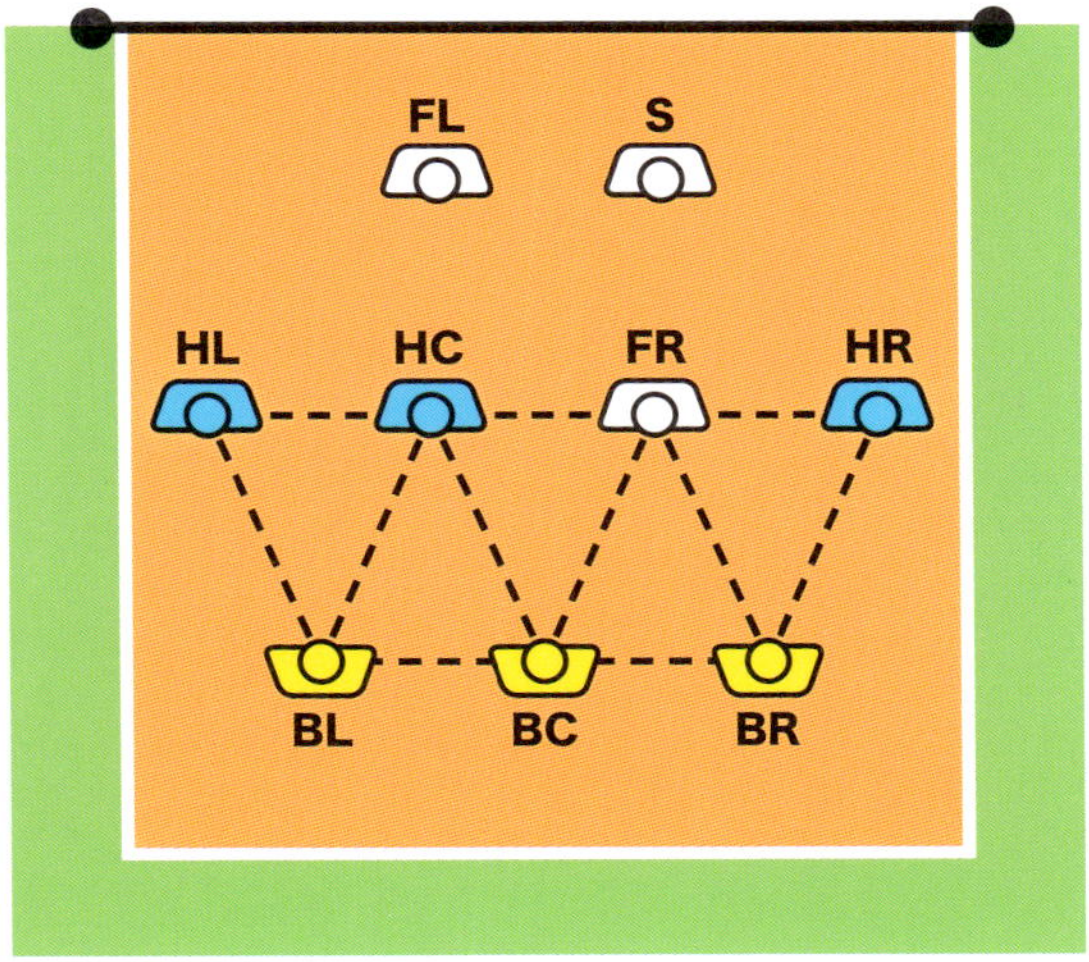

9人のフォーメーションの中に存在する三角形をイメージすることが重要

コラム⑤

大会出場の方法と登録規定

大会ごとに異なる登録出場規定

ママさんバレーの登録規定は、都道府県によって異なります。例えば、小学校区ごとに選手登録を行っている地区があれば、特に条件を設けていない地区もあります。まずはお住まいの都道府県連盟に問い合わせてみましょう。

なお、「全国ママさんバレーボール大会」の参加資格は以下の通り。

①全国ママさんバレーボール連盟に登録しており、各都道府県の予選を経て推薦された1チーム。

②チームの構成メンバーは、同一区・郡・市に現住していること。また、過去に本大会の出場経験がある者はチーム役員として参加できる。

③選手はその年の4月1日現在で25歳に達しており、第1回以降の「全国ママさんバレーボール大会」に出場したことがない者に限る。

④過去に全日本総合、全日本実業団、黒鷲旗全日本選手権（天皇杯・皇后杯）に出場した経験がある者は、その年の4月1日現在で35歳に達していること。また、過去にVリーグに出場した経験がある者は、その年の4月1日現在で50歳に達していること。

第6章

アタック

Attack 6

ママさんのアタック

ボールは体の前、ゼロポジションでとらえる

4

5

ママさんアタックの鉄則

解決!!

ママさんの ある!ある! アタック

- ボールが正確にミートできない…
- 力強いスパイクが打てない…
- トスと助走のタイミングが合わない…

肩甲骨の引きと上半身のひねりを意識する

スパイクのコツは、肩甲骨の引きと上半身のひねりを意識してスイングすること。それらがしっかりしていれば、たとえ若い頃より筋力が落ちていても、力強いボールを打つことができます。また、肩に負担をかけないためには、体の前でボールをたたくことが鉄則。上半身をうまく使って手打ちにならないように注意しましょう。

助走の
最初の1歩目は
小さく踏み込む

1
2
3
2歩目は
ボールの軌道を
追いながら、
大きく踏み込む

その1「ゼロポジション」を身に付ける

肩に負担がかからず、最も力が入る肩の角度を「ゼロポジション」といいます。両腕を後ろに組み、片手のヒジを固定して腕を伸ばした角度で、ボールをとらえます。頭の後ろでボールをとらえると、ボールに十分な力が伝わりません。

その2 助走のタイミングと歩幅に注意

高い打点でスパイクを打つには、助走が大切。早く踏み込もうとしてはじめの1歩を大股で入ってしまうと2歩目は減速してしまい、十分なジャンプができなくなります。トスの軌道をよく見てボールに合わせましょう。

×

1歩目　2歩目

筋力がなくても打てるスパイク

キャッチボールの際は、スパイクをイメージする

ボールは体の前、
必ず目で追う
肩甲骨を
背骨側へ
動かす意識で
腕を引く

苦手克服のポイント

ポイント1 スパイクをイメージする

上半身の動きは、キャッチボールで身に付けましょう。肩を引いたときは後ろ足に重心をかけるように上半身を反ります。ボールを放すときは、必ず「ゼロポジション」の位置で放し、スイングをイメージしましょう。

ポイント2 相手コートを視野に入れる

目標物を視野に入れると、コースを意識して打つことができます。そのために、ボールを体の前でとらえて相手コートが見える視野を確保しましょう。助走に早く入り過ぎてしまうと、目測を誤りやすいので注意しましょう。

Check!! チェック項目

- □ ウォーミングアップ時にキャッチボールをしたか？
- □ キャッチボールで肩を引いた際、後ろ足に重心を乗せているか?
- □ ボールを投げる際、前足に重心がかかっているか？
- □ ボールを放すときは「ゼロポジション」の位置か？

ジャンプを意識したスパイク

下半身の力と
腕の力を使ってジャンプ

後ろから
両腕を上に
振り上げる
右足に
しっかり重心を
乗せる
太腿の後ろの
筋肉を使って
ジャンプ

苦手克服のポイント

ポイント1
踏み込む足の角度は45度くらいが目安

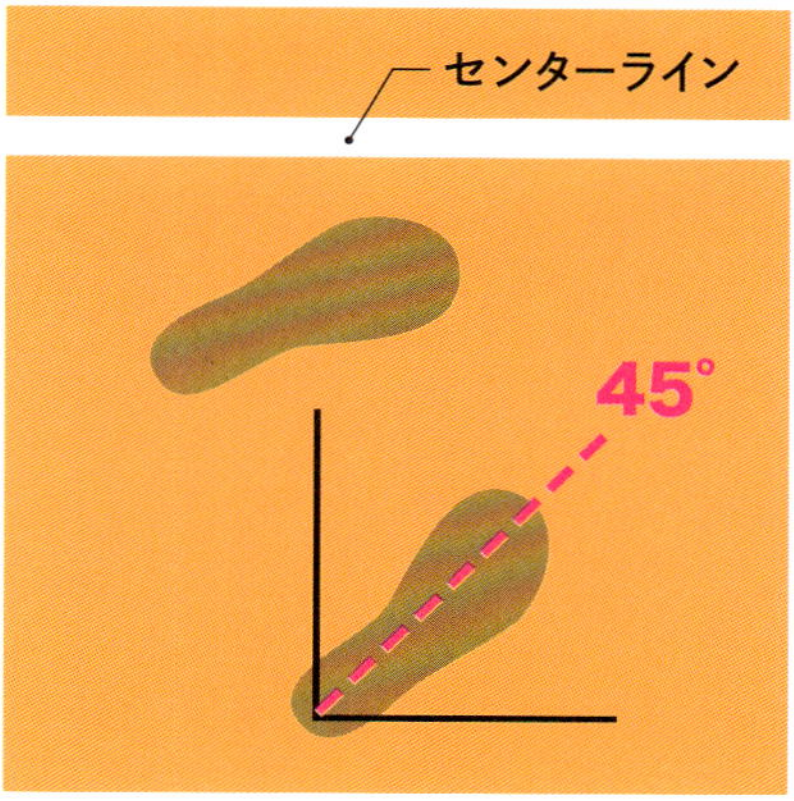

助走の加速を活かすには、はじめの1歩は小さく入り、最後の2歩目を大きく踏み込むことを意識します。踏み込んだ足は、センターラインに対してつま先を45度くらい、内側に向けると踏み込んだ力が上に伝わります。

ポイント2
腕の力を可能な限り利用する

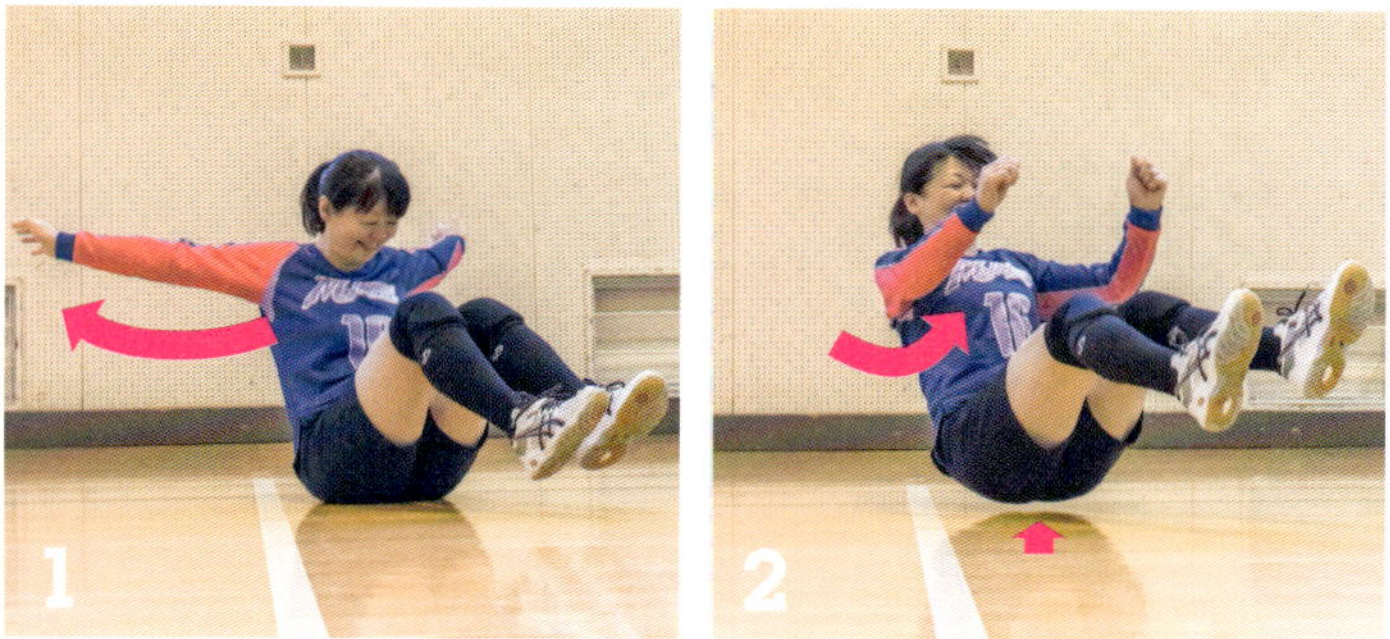

スパイクのフォームで、多くの人が意外と使えていないのがテイクバック（腕の振り）です。試しに、足を浮かせて体育座りをし、その状態で両腕を下から大きく振り上げてください。力のある人なら、それだけでお尻を浮かせることができます。

Check!!
チェック項目

- □ 助走の1歩目は小さく、トスに合わせているか？
- □ 助走の2歩目は大きく踏み込んでいるか？
- □ 踏み込んだときの足は45度くらいが目安になっているか？
- □ 両腕をしっかり振り上げてジャンプしているか？

相手を騙すフェイント攻撃

強打を打つと見せかけて、力を抜いて相手を欺く

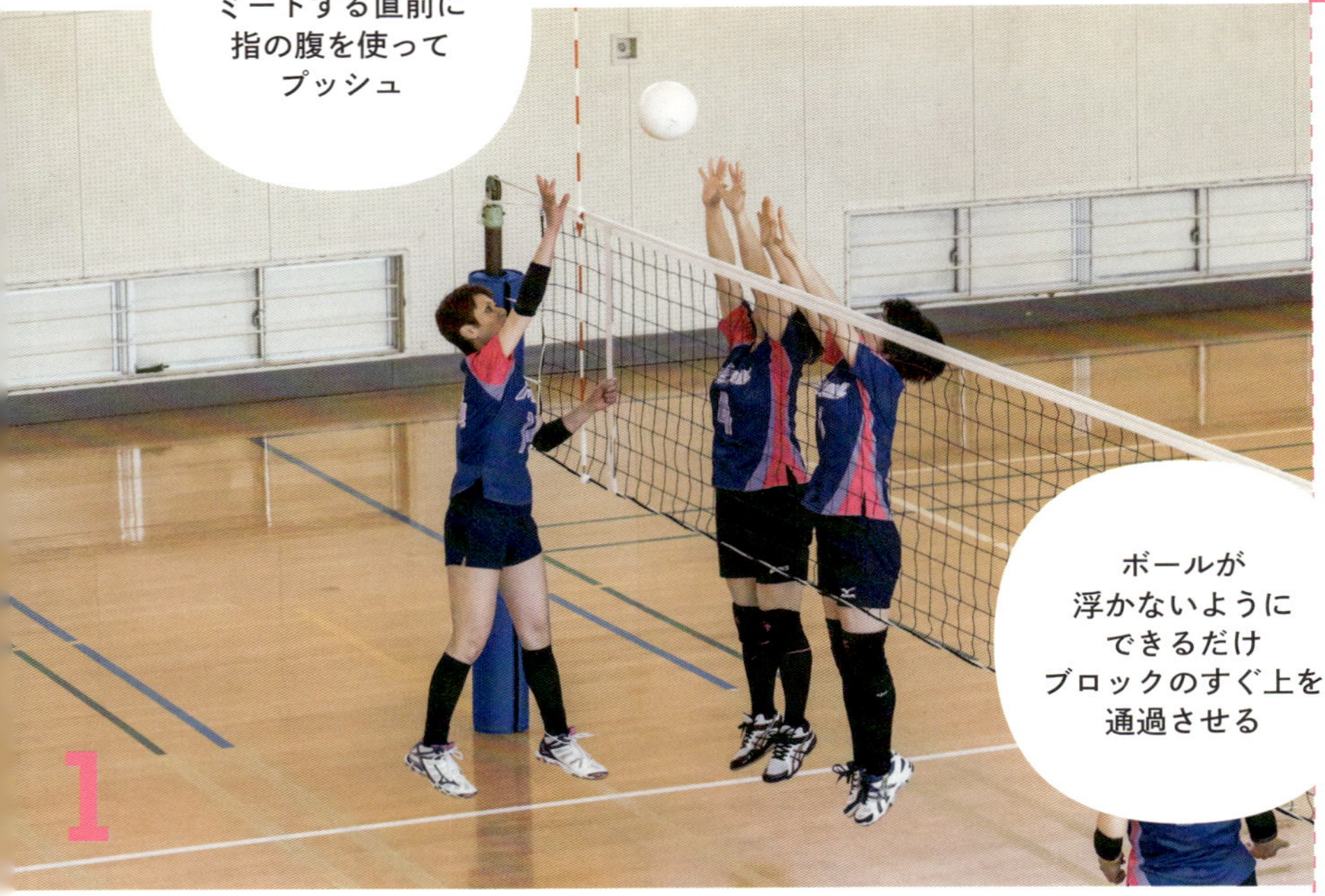
ボールを
ミートする直前に

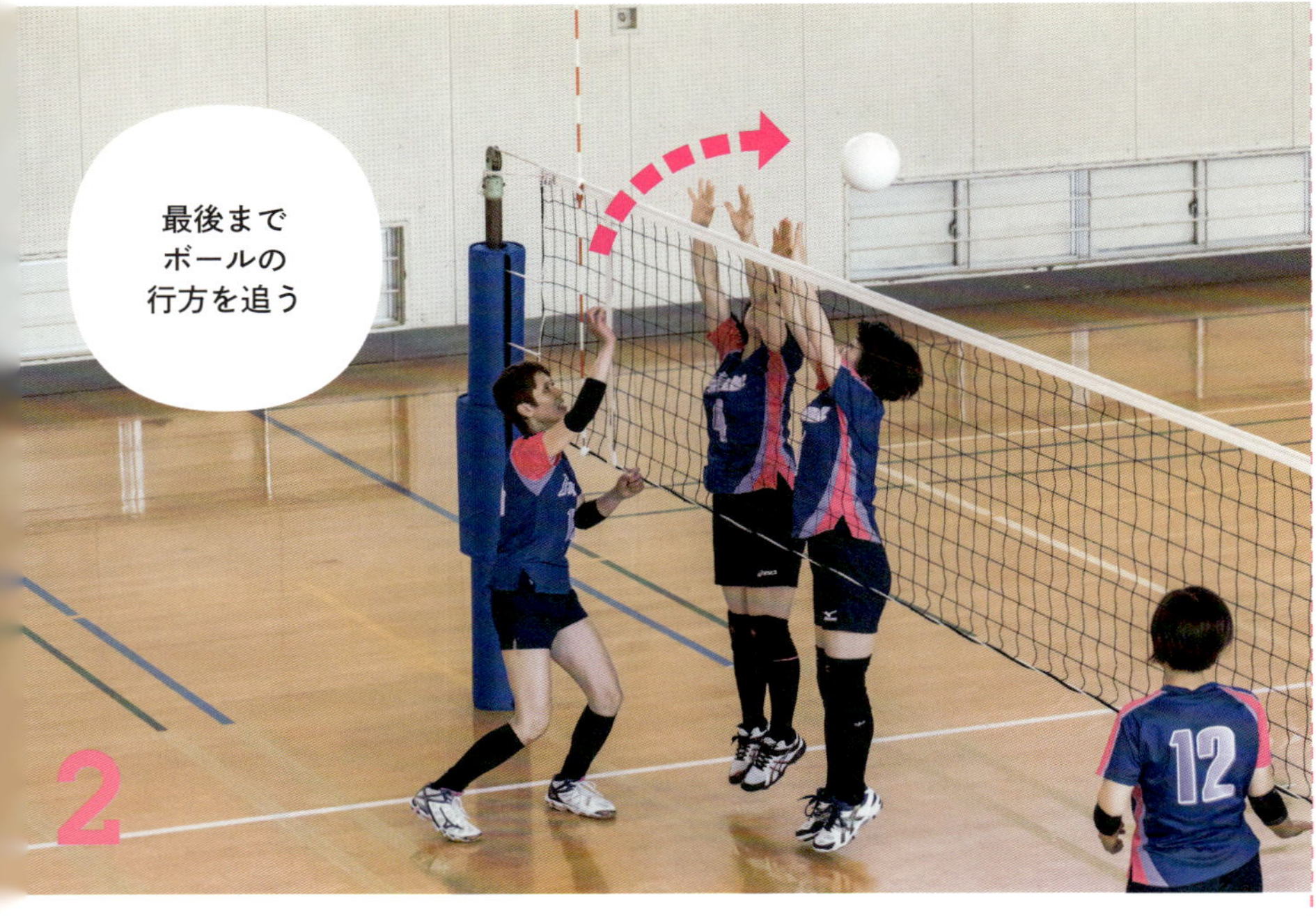

苦手克服のポイント

ポイント1 指先の力加減で調整する

強く打つと見せかけて、指の腹を柔らかく使った「フェイント」を相手コートに落とすと不意をつくことができます。ネットに近い位置にトスが上がったときは、指先に力を入れて押し出すようにして早くボールを落とすのも有効です。

ポイント2 空いているスペースに落とす

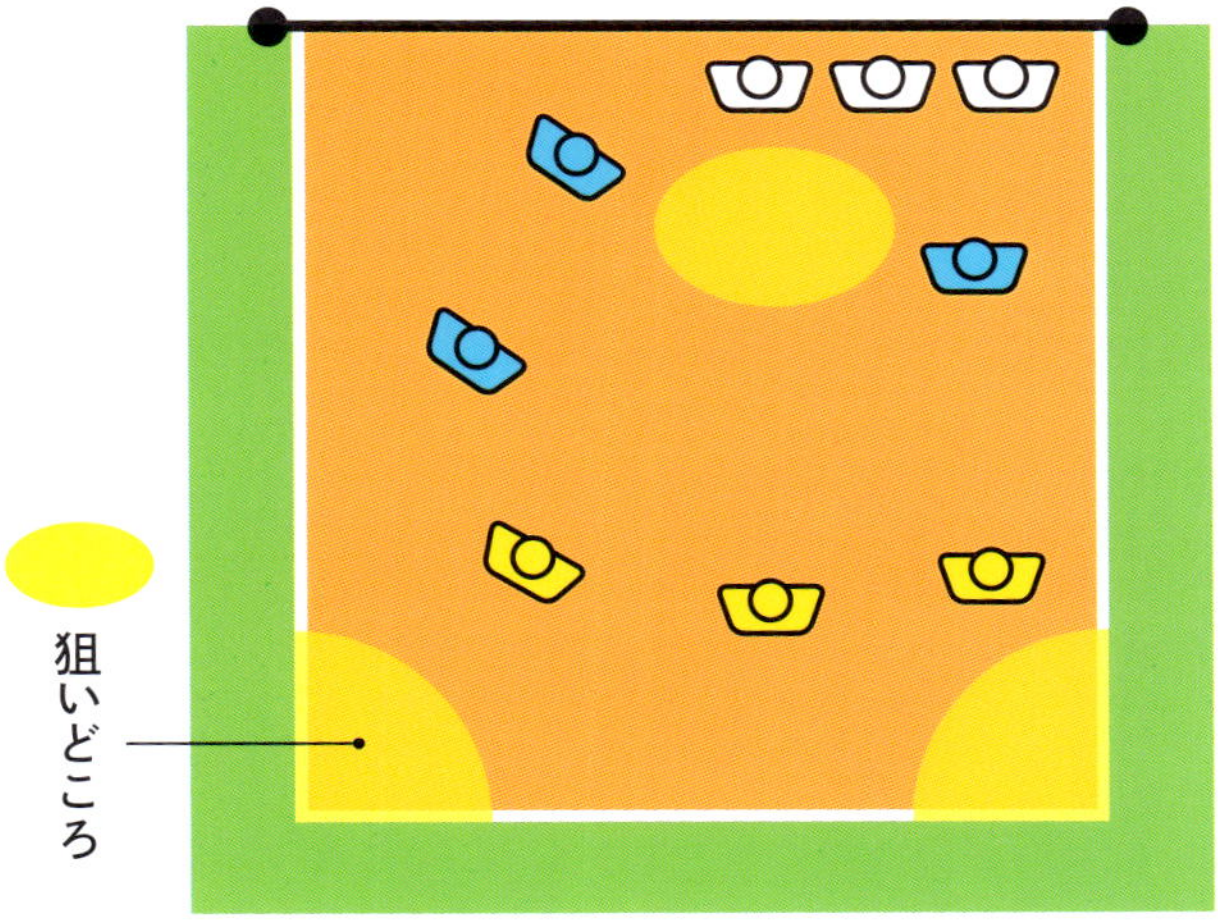

フェイントの狙いどころは、ブロックの後ろ。相手ブロックが3枚ついてきたら、上を抜いて後方の空いたスペースにボールを落としましょう。また指先に力を入れる「プッシュ」は、コート後方を狙うと相手の守備を乱すことができます。

ブロックを利用した攻撃

相手のブロックを自分たちの攻撃に利用していく

トスがネットに
近くなったら
ボールを
ブロックに当てる
1

ボールを
ブロックに
押し当てる
ようにして手首を
外側に返す
2

ボールの行方を
最後まで確認する
3

苦手克服のポイント

ポイント1 ボールをブロックに押し当てて出す

9人制のブロックはオーバーネットできないため、相手のブロックを利用しましょう。トスがネットに近いときは、ブロックの位置をよく見て、ボールを外に押し出す「タッチアウト」が有効。ボールをブロックに押し当てるようにして手首のスナップを使いましょう。

ポイント2 ブロックに当ててリバウンドをとる

スパイクを打っても決まらないと思ったときは、わざとブロックにボールを緩く当てて、攻撃を立て直すリバウンド攻撃を仕掛けていきましょう。目線は常にボールを追いかけられるように上体を起こして、ネット下でボールを待つようにしてレシーブしましょう。

Check!!
チェック項目

- □ トスの質を見極めて判断しているか？
- □ ブロックが見える視野を確保しているか？
- □ 常に目線はボールを追いかけているか？
- □ タッチアウトは手首の力を使っているか？

基本その1

スイングの基本を身に付ける！

頭の後ろからボールを放す

スパイクのスイングの基本は、肩甲骨を使ってボールを投げることです。ボールを耳元から手放すような投げ方は、腕の力だけしか使っていない肩甲骨を使えていないフォームです。頭の後ろからボールを手放すイメージで腕を引きましょう。

間違っているボールの投げ方 ×

正しいボールの投げ方 ○

基本その2

ボールを体の前でとらえて打つ!

ゼロポジションを意識する

ボールを体の前でとらえる練習です。2人で向かい合って正面からボールを投げてもらいます。ゼロポジションの位置でボールをとらえて床に向かってミートします。向かってくるボールに対してまっすぐ打ち返せるように練習しましょう。

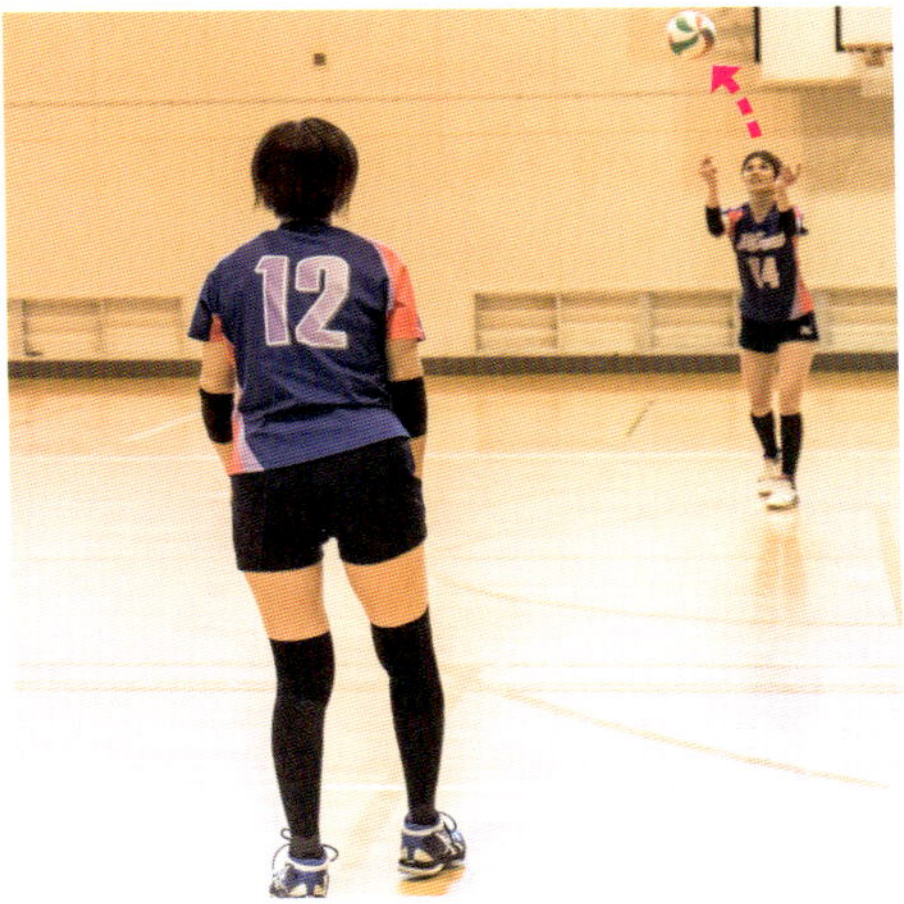

1 正面から緩いボールを投げてもらう

2 ダイレクトでボールをまっすぐ打つ

3 床に向かってバウンドさせる

基本その3

勢いのあるスイングを身に付ける!

基本のフォームを意識する

紙の袋が開くと音が出る「紙鉄砲」を使った練習です。チラシ等で「紙鉄砲」を作り、それを持ってスイングを行います。紙の袋が開いて音が出ていれば、勢いのあるスイングができている証です。基本フォームを意識して行いましょう。

1 紙鉄砲の端を持ち、スイング体勢

2 紙鉄砲が高い打点を通過するように腕を振る

3 スイング時に音が出れば、OK

基本その4

上半身の力を意識してスイングする!

体幹を使って打つ

床に足をついて立てヒザの状態になります。正面からボールを投げてもらい、ボールにタイミングを合わせるようにして腕を振り上げて、ミートします。このときに体幹をしっかり使えるように意識してスイングをしましょう。

1 ヒザを床についてスイングの準備

2 体幹と肩甲骨を意識して腕を引く

3 正面からきたボールをまっすぐとらえる

基本その5

速いスイングを身に付ける練習

クイック攻撃をイメージする

ネット際に立ち、トスを投げてもらい、連続してスイングを行っていきます。ポイントは、バックスイングをコンパクトに行い腕を振り上げた位置で、トスが上がるのを待つこと。ラリー中を想定して、速いテンポの中でも正しいフォームを意識して行いましょう。

1 コンパクトなスイングを意識する

2 ジャンプしないでボールをとらえる

3 手首のスナップを使う。1セット連続5本で行う

基本その6

インナーコース打ちを身に付ける!

マーカーの外から打つ

相手の守備の裏をかくためにも、スパイカーはいろいろな角度にスパイクを打てるのが理想です。インナーのコース打ちを身に付けるには、アンテナの外からスパイクを打つようにして、腕の振り方を意識しましょう。

レフト

レフトからのインナー打ちはミート後、親指を外側に押し出すようにしてスイング

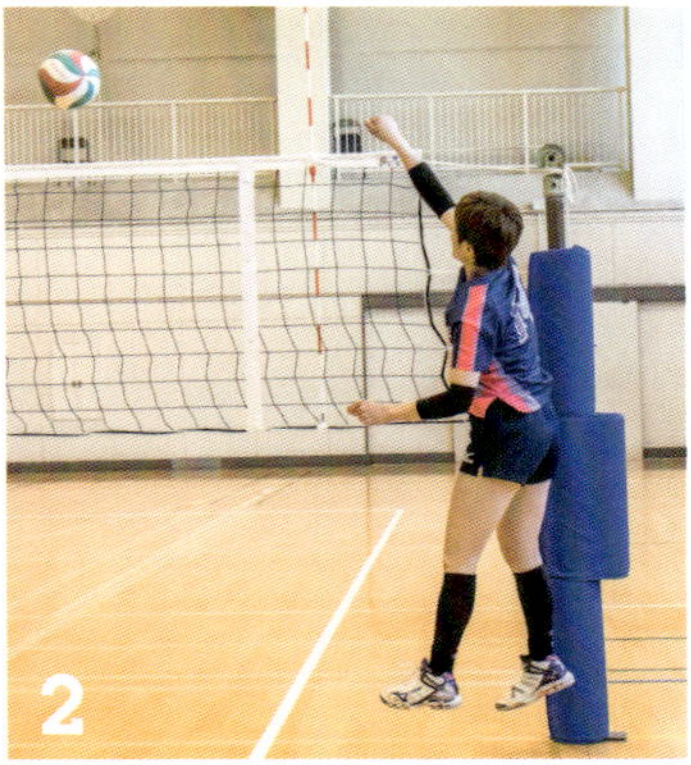

ライト

ライトからのインナー打ちは、ミート後に親指を左方向に押し出すようにしてスイング

攻撃のフォーメーション

選手1人1人の幅が、チームの攻撃幅につながる

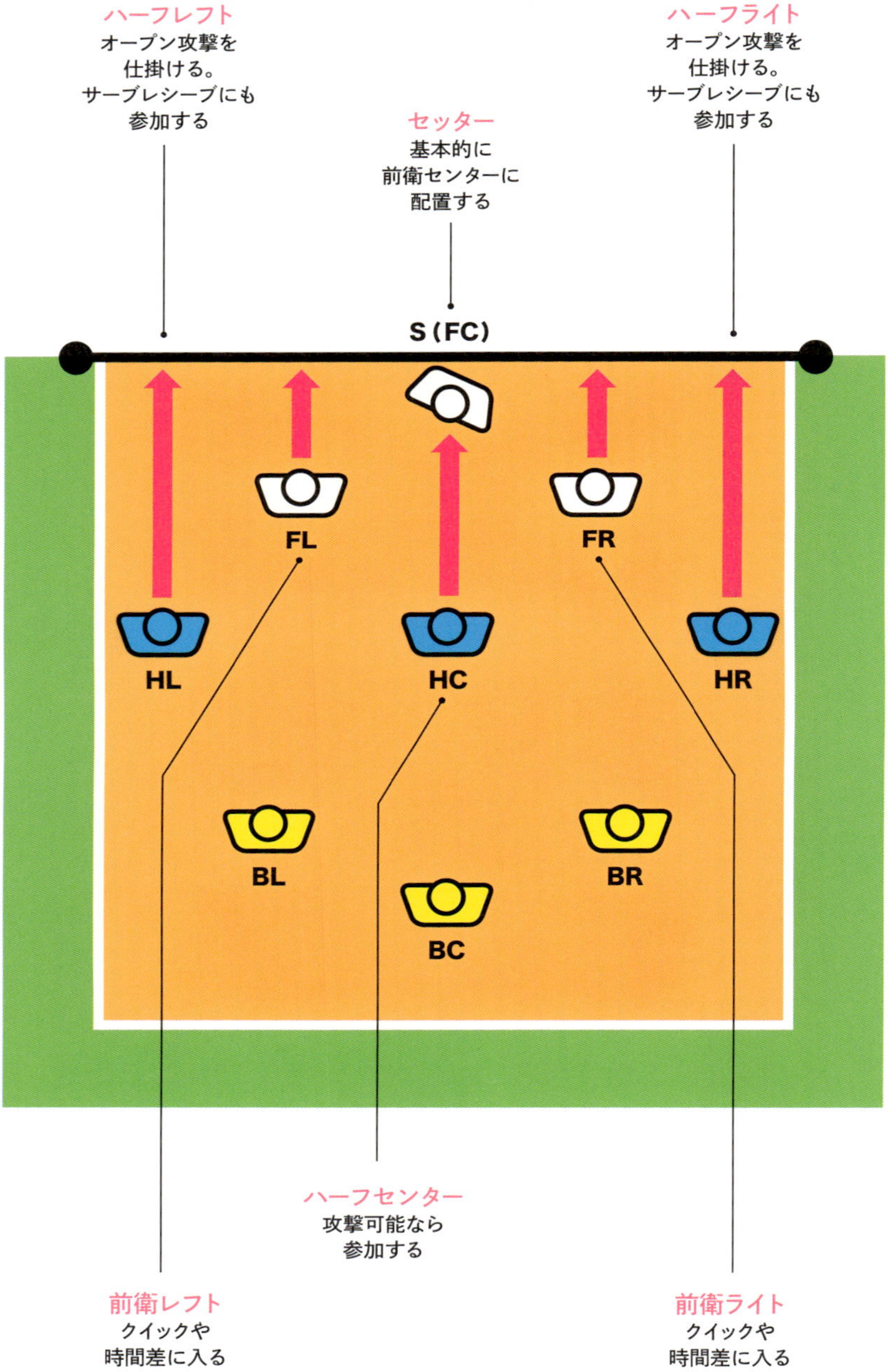
ハーフレフト
オープン攻撃を仕掛ける。サーブレシーブにも参加する
セッター
基本的に前衛センターに配置する
ハーフライト
オープン攻撃を仕掛ける。サーブレシーブにも参加する
S（FC）
FL
FR
HL
HC
HR
BL
BR
BC
ハーフセンター
攻撃可能なら参加する
前衛レフト
クイックや時間差に入る
前衛ライト
クイックや時間差に入る

苦手克服のポイント

ポイント1 フリーポジションの攻撃は無限大

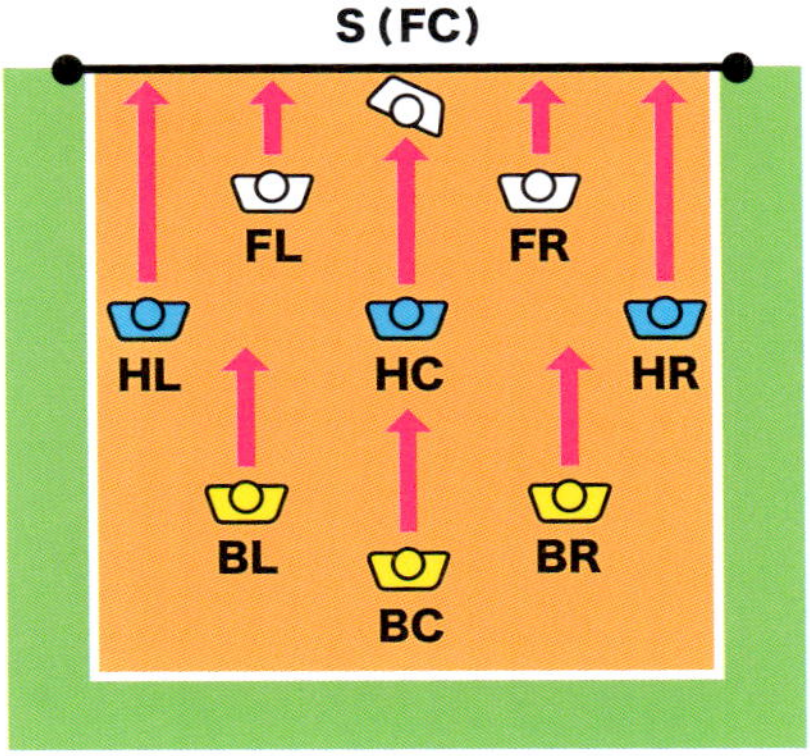

どのポジションからも攻撃が可能なフリーポジション制は、チームの特徴を活かしていろいろな攻撃を仕掛けることができるのが一番の醍醐味。どの選手を攻撃の軸として考えて、相手の裏をつくか。各選手が攻撃の幅を広げることがチームの戦術の幅につながります。

ポイント2 ひとつのプレーに対し2つの選択肢

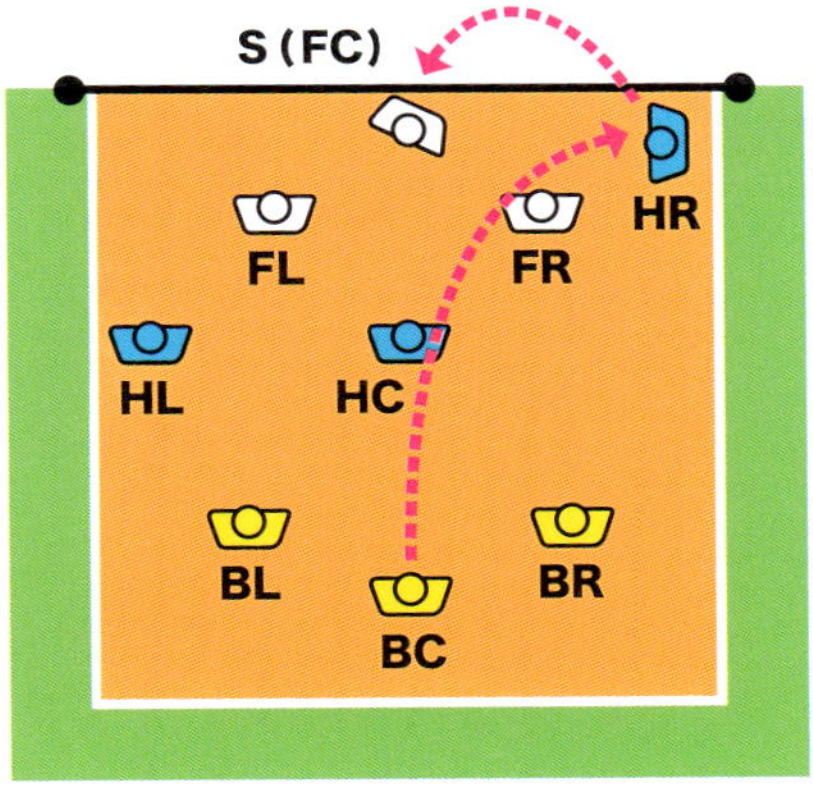

ここで求められる「幅」とは、相手を欺くプレーのことです。アタッカーであれば、打つふりをしてトス、セッターであればトスするふりをしてアタック。レシーバーであれば、パスするふりをしてトスなど1つのプレーに対し2つの選択肢を持てるようになりましょう。

Check!! チェック項目

- □ チームの特徴を考えたフォーメーションになっているか？
- □ それぞれのアタッカーはどんな攻撃ができるか？
- □ アタックだけではなく、トスも上げられるか？
- □ トスを上げるふりをして、アタックを打てるか？

戦術その1

ライトからの平行攻撃

セッターにパスが入る
1

クイックをおとりにしてサイドへ

後衛の中央からパスがセッターに入ります。セッターは、前衛レフトとハーフセンターにトスを上げずに前衛ライトへバックトス。ハーフレフト、ハーフセンター、後衛レフトがフォローに入ります。

セッターはライトへバックトスを上げる
2

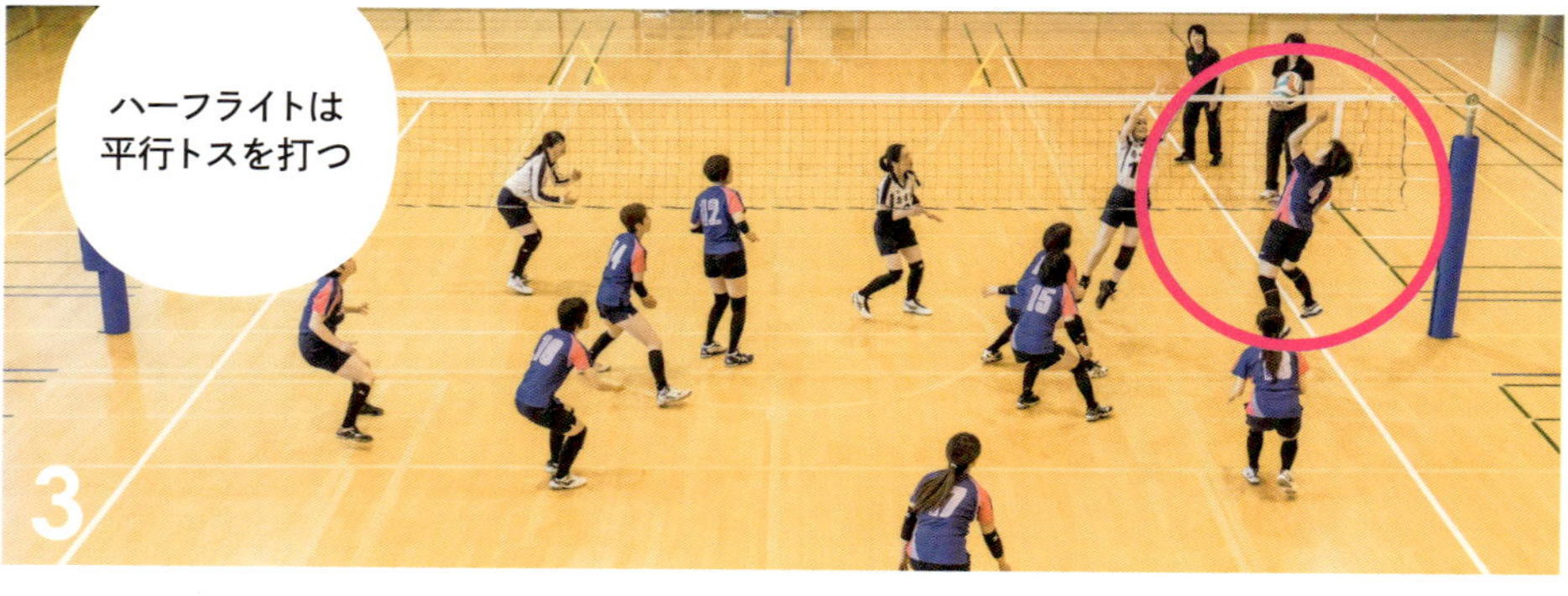
ハーフライトは平行トスを打つ
3

戦術その2

サイドからの二段攻撃

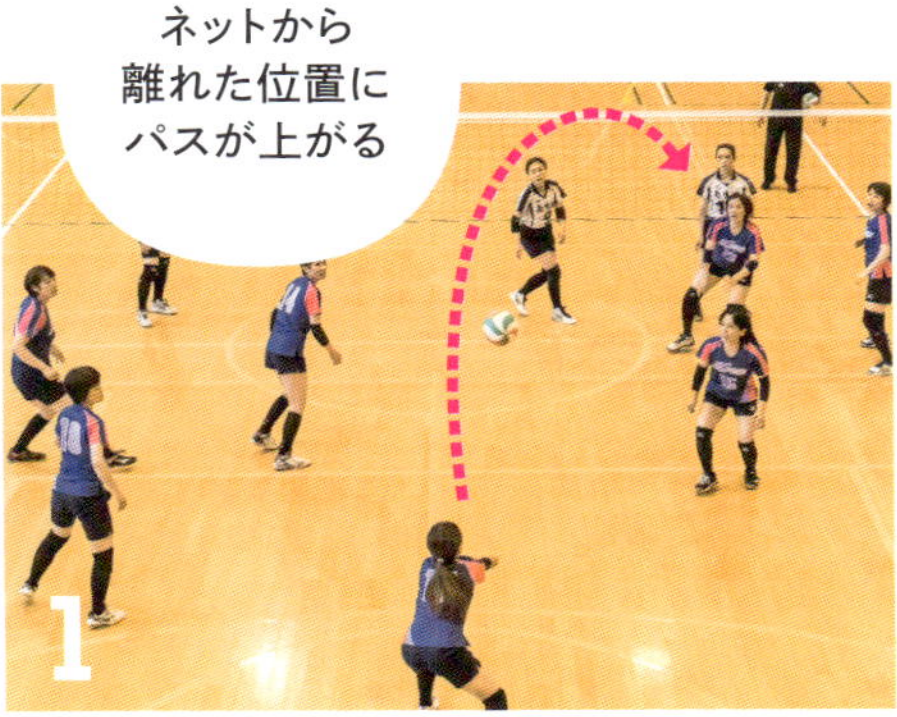
ネットから
離れた位置に
パスが上がる
1

二段攻撃には必ずフォローにつく

後衛の中央からパスがセッターに入ります。しかし、短めのパスだったため、セッターはアンダーハンドで二段トスをレフトに上げます。後衛レフト、ハーフセンターが間合いを詰めてアタッカー周辺のフォローを固めましょう。

セッターは
アンダーハンドで
二段トスを
レフトへ上げる
2

ハーフライトが
攻撃する際、
必ずフォロー
に入る
3

戦術その3

Aクイック攻撃

セッターに
パスが入る
1

前衛は速攻に入る

基本的にクイック攻撃は、前衛ポジションの選手が打ちます。セッターへパスが入り、前衛レフト、ハーフレフトが助走開始。セッターの手元にボールがきたら前衛レフトはジャンプ。空中でブロックの位置を見極め、コースを打ち分けましょう。

ボールの動きを
追いながら、前衛
レフト、ハーフレフト
が助走に入る
2

前衛レフトが
Aクイックを打つ
3

戦術その4

Cクイック 攻撃

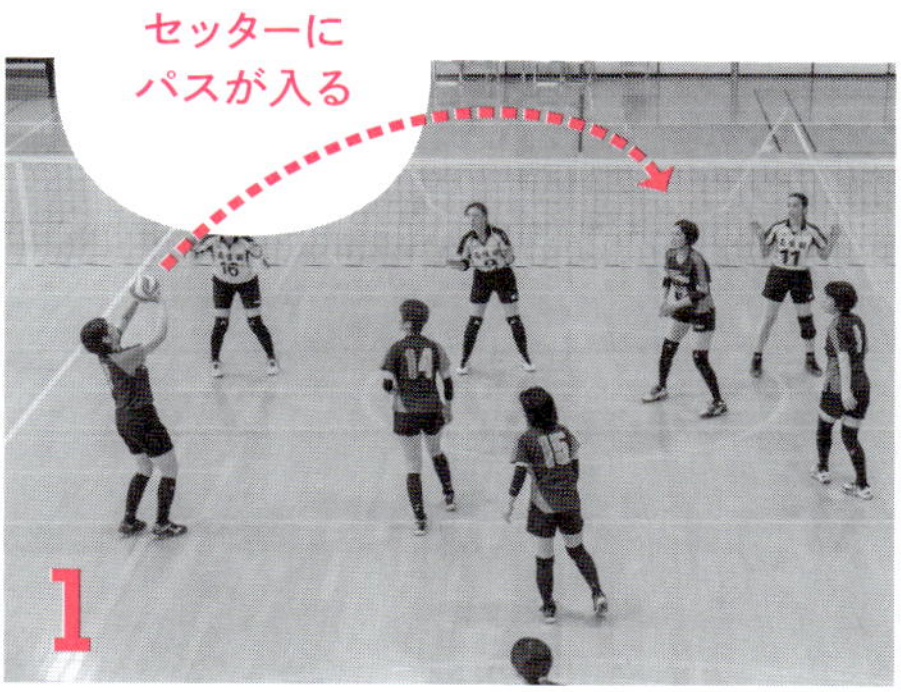

バックトスの速攻に入る

セッターはジャンプトスを有効に使うことで、相手チームにツー攻撃の選択肢を与えることができます。ジャンプトスでブロッカーを引きつけ、前衛ライトにCクイックトスを上げます。

戦術その5

中央からの時間差攻撃

1

前衛同士で交差する

前衛レフトと前衛ライトの助走を絡ませた時間差攻撃。セッターにパスが入ると同時に助走を開始します。前衛レフトがBクイック、前衛ライトがAクイックに入って交差し、前衛レフトが飛びつくように打ちます。

前衛レフトと
前衛ライトが
交差する
2

セッターは
前衛レフトに
トスを上げる
3

郵便はがき

お手数でも
郵便切手
をお貼り
ください

104-8233

東京都中央区京橋3-7-5
京橋スクエア11F

実業之日本社
「愛読者係」行

ご住所　〒
お名前
メールアドレス

ご記入いただきました個人情報は、所定の目的以外に使用することはありません。
実業之日本社のプライバシー・ポリシー（個人情報の取扱い）は、
以下のサイトをご覧ください。http://www.j-n.co.jp/

お手数ですが、ご意見をお聞かせください。

この本のタイトル

お住まいの都道府県	お求めの書店	男・女 歳

ご職業　会社員　会社役員　自家営業　公務員　農林漁業
医師　教員　マスコミ　主婦　自由業（　　　　）
アルバイト　学生　その他（　　　　）

本書の出版をどこでお知りになりましたか?

①新聞広告（新聞名　　　　）②書店で　③書評で　④人にすすめられて　⑤小社の出版物　⑥小社ホームページ　⑦小社以外のホームページ

読みたい筆者名やテーマ、最近読んでおもしろかった本をお教えください。

本書についてのご感想、ご意見（内容・装丁などどんなことでも結構です）をお書きください。

どうもありがとうございました

このはがきにご記入いただいた内容を、当社の宣伝物等で使用させていただく場合がございます。何卒ご了承ください。なお、その際に個人情報は公表いたしません。

戦術その6

レフトからの時間差攻撃

1

サイドから中へ切り込む

セッターがトスを引きつけます。その間、ハーフレフトがセンターへ助走を切り込み、ハーフレフトは飛びつくようにBクイックを打ちにいきます。相手ブロッカーが助走に気を取られていたらセッターはツー攻撃を仕掛けてもいいでしょう。

ハーフレフトが
センターに
向かって助走
2

Bクイックを
仕掛ける
3

戦術その7

エースアタッカーのツーと見せかけて…

1

セッターが攻撃を仕掛ける

ハーフセンターは、ハーフレフトのツー攻撃に見せかけて大きくパスを出します。ハーフレフトはそこでスパイクを打たず、センターにいるセッターへトスを上げます。セッター以外の前衛レフト、ライトにトスを上げるパターンも可能です。

2
ハーフレフトは
センターへ二段トス

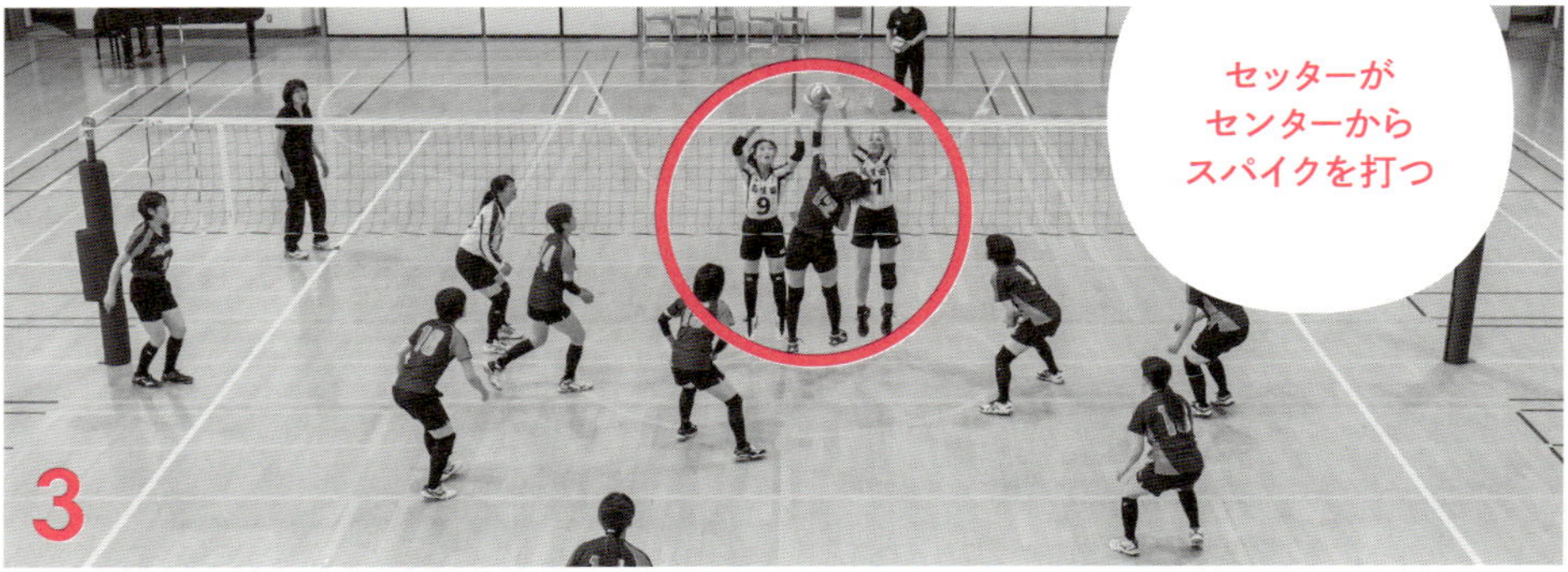
3
セッターが
センターから
スパイクを打つ

戦術その8

アタッカー同志でトスを振る…

1

テンポよくトスを回す

右ページの応用。ハーフレフトは逆サイドへパスします。さらにそこから前衛ライトは前衛レフトに平行トスをまわし、前衛レフトは中央からスパイクを打ちます。テンポが速いほどブロッカーをかく乱できるので、パス回しを練習しましょう。

前衛ライトが
トスを上げる
2

前衛レフトが
攻撃に入る
3

戦術その9

セッターがツー攻撃

相手ブロッカーに選択肢を与える

クイック、時間差攻撃の決定率を上げるには、セッターのツー攻撃の確率を上げること。ツー攻撃の決定率が上がるほど、相手ブロッカーを引きつけて自分たちの速攻に活かすことができます。 セッターが打ちやすいパスの高さを把握し、いつでもツー攻撃ができるように練習しましょう。

前衛レフトがレシーブする
1

セッターはトスを上げずにツー攻撃
2

戦術その10

セッターが スリー攻撃

1

意表をついてセッターが打つ

セッターにパスを返せなかったときに使える攻撃。カバーに入った前衛レフトがトスを上げる場合、トスの選択肢としてハーフレフトとライトが考えられますが、意表をついてセッターに上げます。相手の隙を狙って中央から速い攻撃を仕掛けましょう。

前衛レフトが
トスを上げる
2

セッターが
センターから
攻撃する
3

コラム❻

審判の責務と講習会

女性審判員が、試合を運営する

ママさんバレーの大会は、女性だけで運営されます。つまり、試合を仕切る審判もすべて女性。特に審判構成員のすべてを統括する主審は、試合がはじまってから終わるまで、試合を管理するすべての責務を負います。

例えば試合前なら、体育館の条件や試合に必要な用具・機器を詳しく調べ、安全に進行できるかを確認しなければいけません。不測の事態に備えて、医療関係者（医師と看護師）やストレッチャーの場所を確認しておく必要もあります。試合前に、選手のユニフォームや身に付けているものをチェックするのも主審の役目です。

審判のレベルアップのために講習会も定期的に開かれています。例えば、全国ママさんバレーボール連盟の審判講習会は、年に一度、春先に開催されます。対象となるのは、各都道府県で行われる大会に派遣される審判。審判委員長、理事長も参加し、ルール変更に関する事項など新たに決められたことを共有します。それを参加者が持ち帰り、都道府県を通して各地区に伝達されます。

7

第7章

トス

TOSS

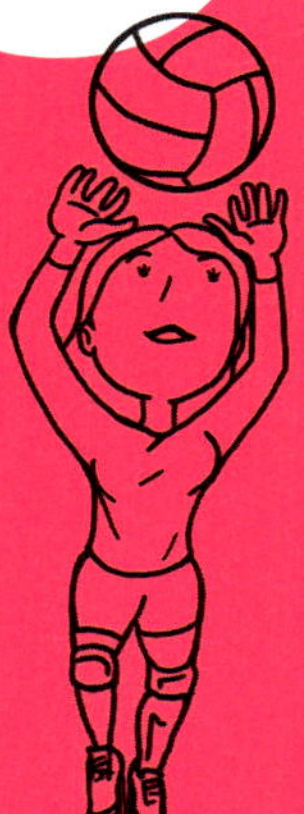

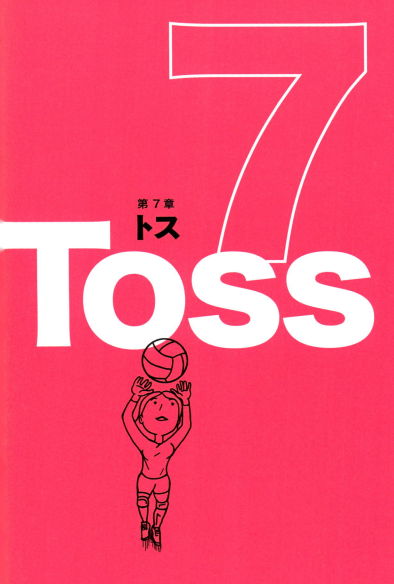

ママさんのトス

チーム全員が第2のセッターになる

いいトスとは、どんなトスでしょうか？ それは、アタッカーがスパイクを打つポイントがたくさんあるトスです。トスの質がいいと、アタッカーの持ち味が最大限に活かされます。トスを上げられる選手が多いほど、攻撃の幅が広がります。誰もが第2のセッターという意識で、常に2つ以上の選択肢を持てる技術を身に付けましょう。

ママさんの ある!ある! トス

- 指がばらついてしまう…
- 二段トスのボールが伸びない…
- 相手ブロッカーにトスが読まれてしまう…

解決!!

ママさん トスの鉄則

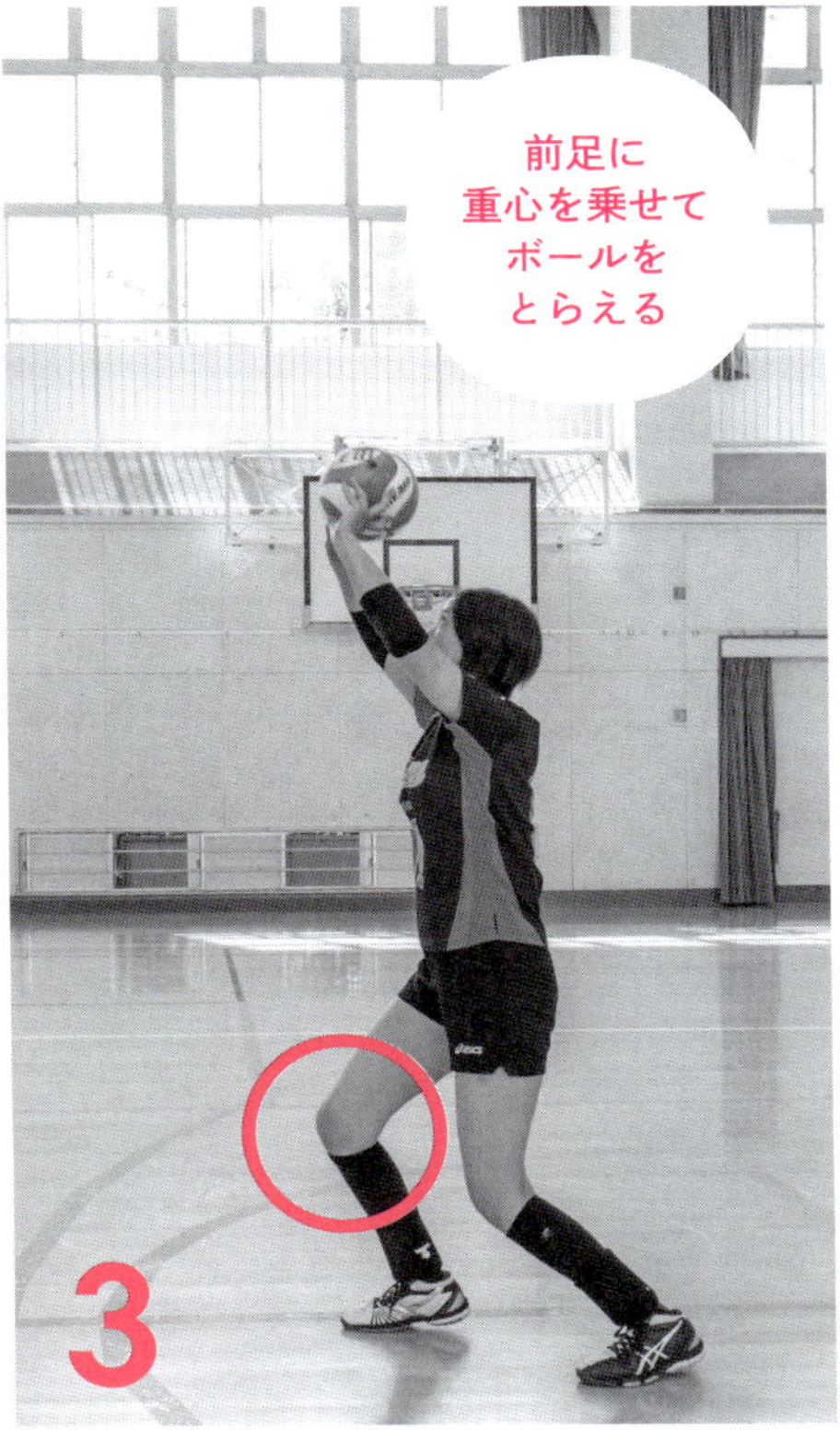

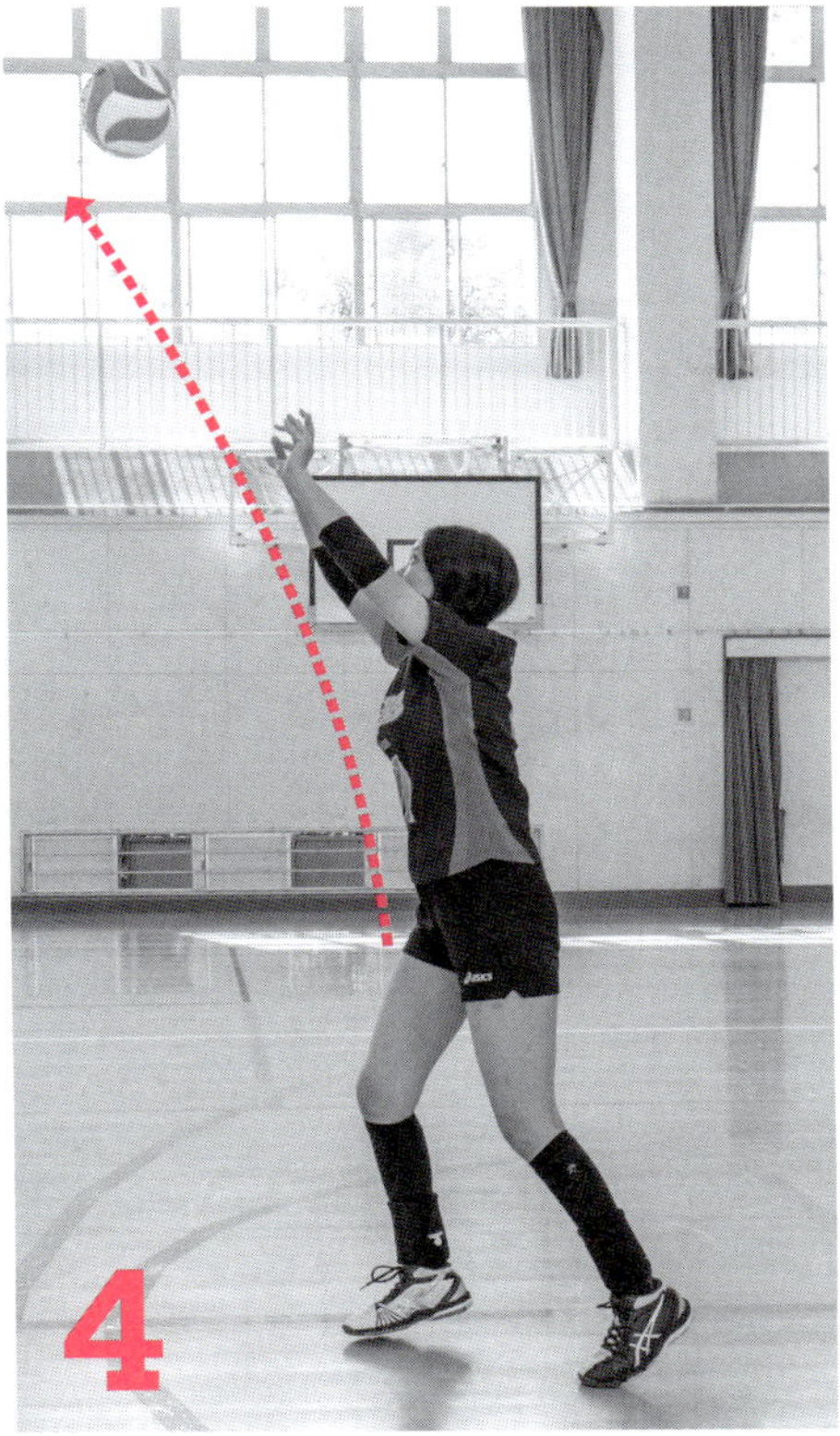

下半身から
上半身へと力を
伝えてボール
を送り出す

その1 どんな状況でもハンドリングはキープ

ときにはボールを追いかけて、動きながらトスを上げる場面もあります。どんな状況でも、すべての指の第二関節あたりまでボールに触れるようなハンドリングが大切。他の動きをしながら、トスを上げられるように練習しましょう。

その2 一定のフォームから前後へトス

ヒジが肩よりも上にある状態でボールをとらえると、オープンだけではなくバックにもトスを上げることができます。一定のフォームからいろいろな角度にトスを上げられることで、相手ブロッカーを迷わせることができます。

基本のトス

アタッカーが打ちやすい
トス技術を身に付ける

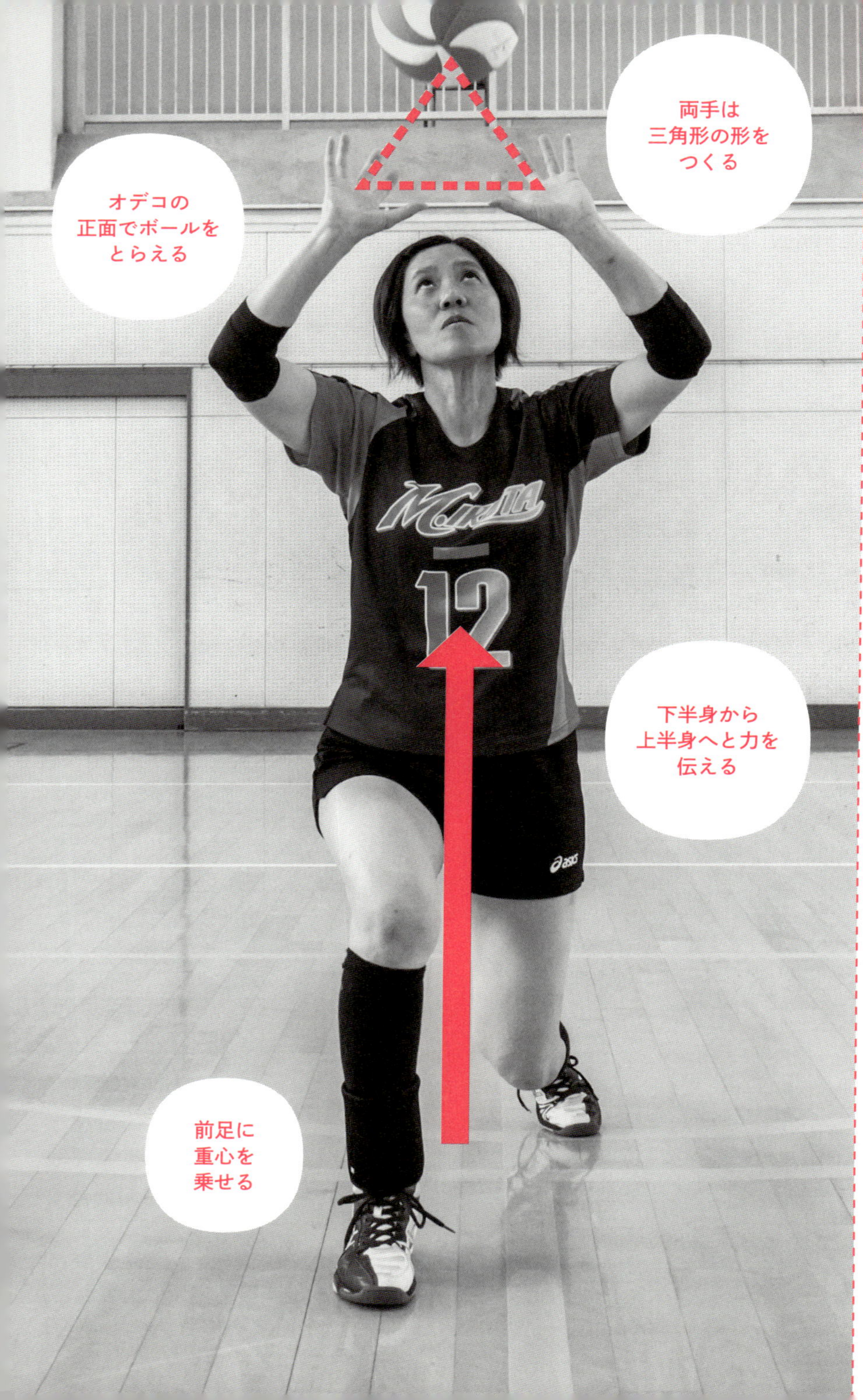
両手は
三角形の形を
つくる
オデコの
正面でボールを
とらえる
下半身から
上半身へと力を
伝える
前足に
重心を
乗せる

苦手克服のポイント

ポイント1 手首を柔らかく使って勢いを抑える

トスにボールの勢いがあると、アタッカーはアタックが打ちにくいものです。セッターはトスを上げる際、手首を柔らかく使ってボールを運びましょう。ボールの勢いを抑えるトスが重要です。

ポイント2 「山」をアンテナ側に持っていく

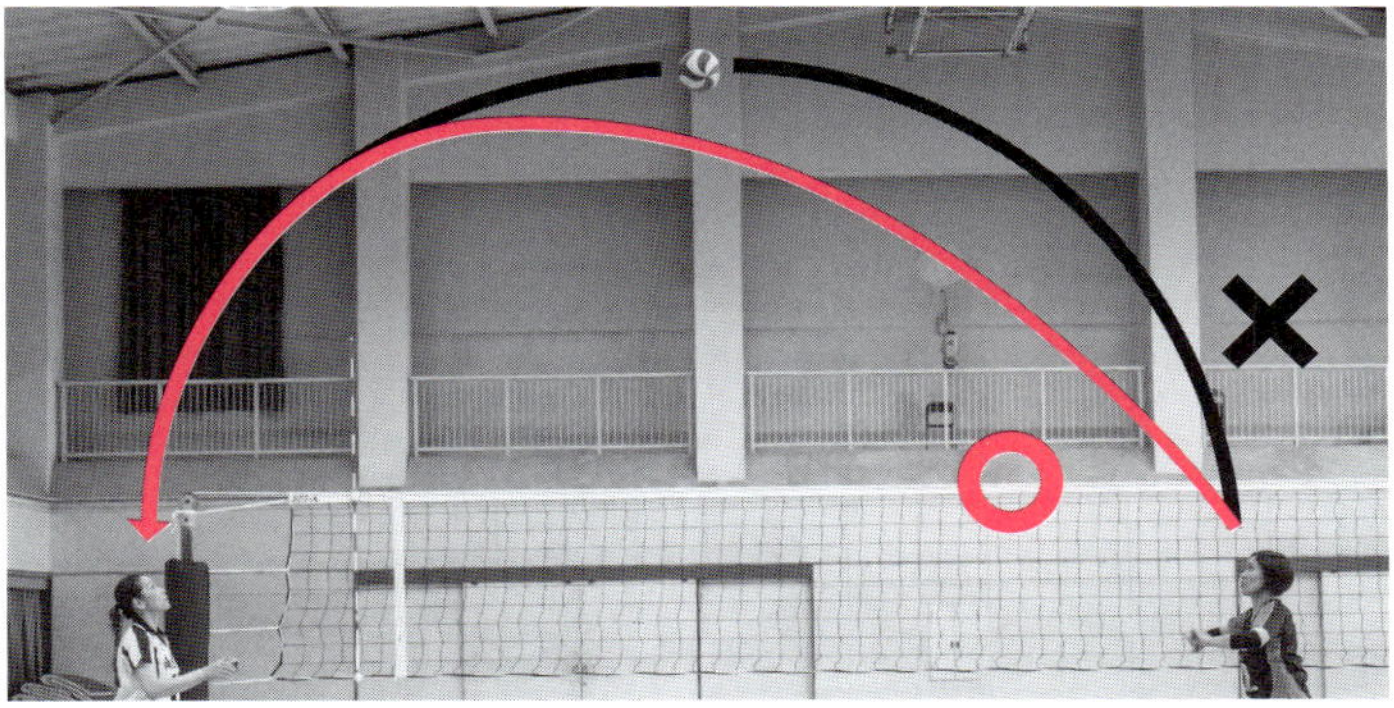

単純な山なりのトスは、サイドで落下してしまうので、打てるポイントは限られてしまいます。アタッカーの打てるポイントをつくるには、トスの軌道における「山」をアンテナ側に持っていくことです。

Check!!
チェック項目

- □ 両手で三角形はつくれているか？
- □ 前足に重心はかかっているか？
- □ トスを上げる際、手首を柔らかく使っているか？
- □ トスの「山」はアンテナ側にきているか？

バックトス

ヘソをつき出して
体を反らしながら上げるトス

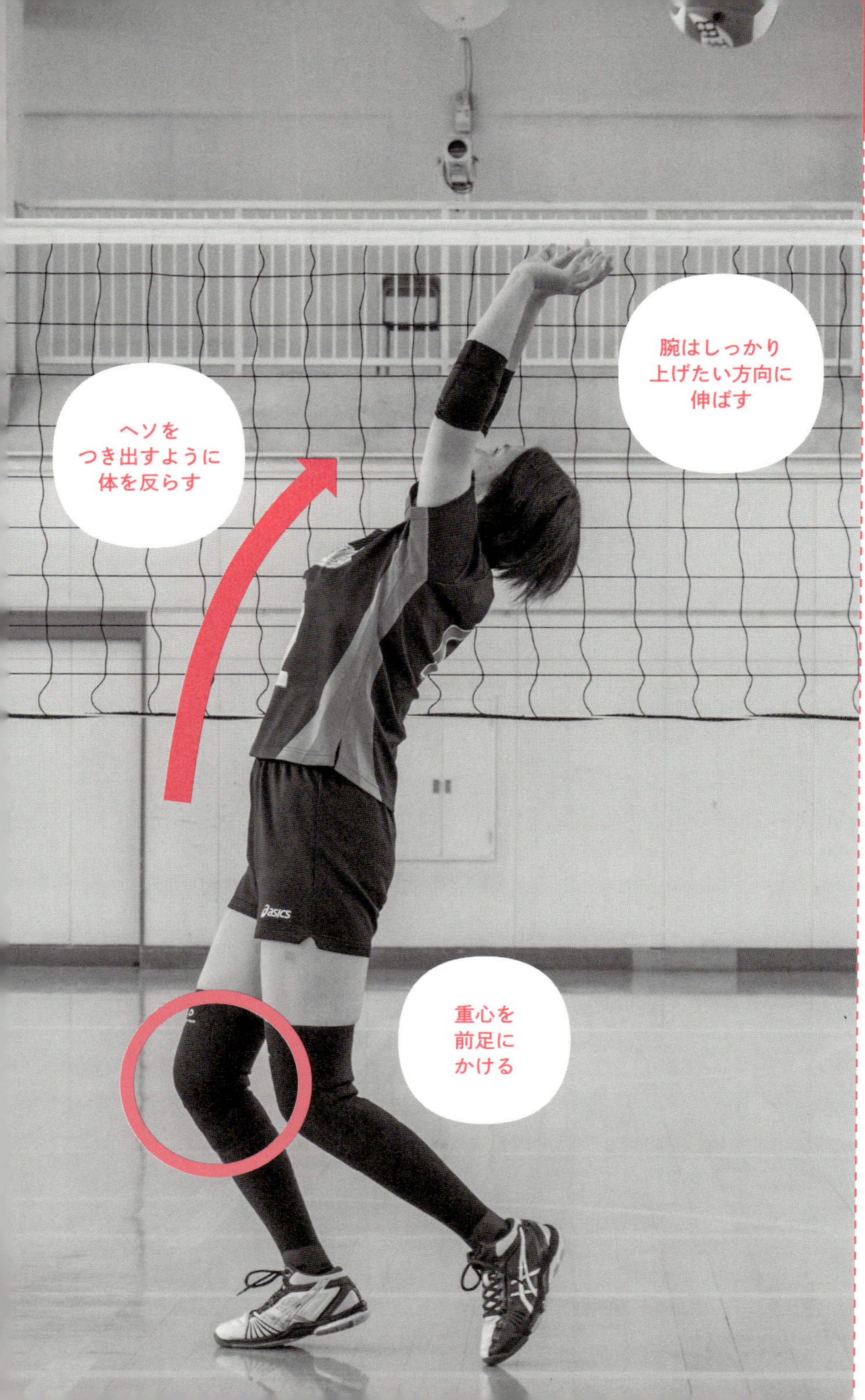

苦手克服のポイント

ポイント1 ヘソをつき出すように送り出す

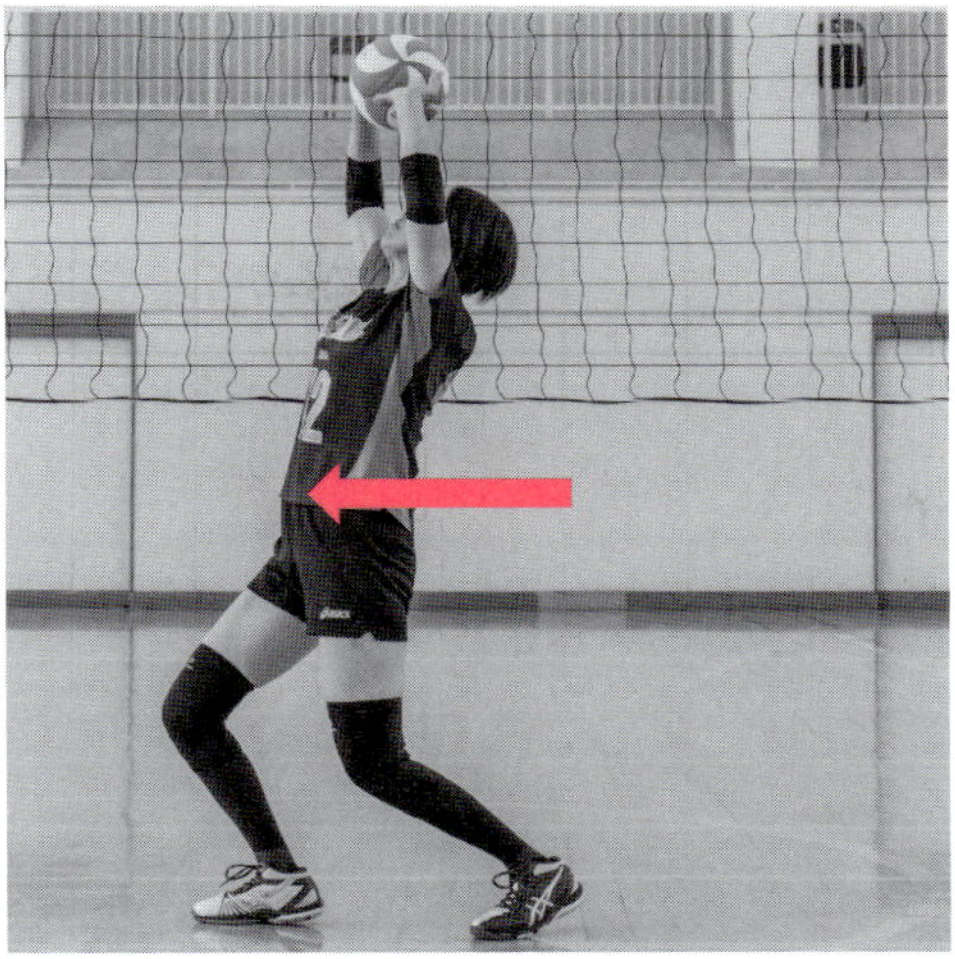

手の力だけでボールを後ろに持っていこうとするとミスにつながります。ボールの下に入り、ヘソをつき出すようにするとスムーズに上げられます。前足に重心をかけて、ヘソ、上半身へと力を伝えてボールを送り出します。

ポイント2 後衛からでもトスを上げられるように

9人制の場合、ブロックのワンタッチが1回に数えられるため、2回目はトスになります。後衛からでも正確なバックトスが上げられるように、セッターだけでなく、すべての選手が普段からトスの練習をしておきましょう。

Check!! チェック項目

- □ ボールの下に入っているか?
- □ 体を反らすときにヘソをつき出しているか？
- □ 下半身の力を上半身に伝えているか？
- □ 後衛のどこからでもバックトスを上げられるか？

フェイントトス

動きながらスパイクもトスも上げられる技術

1

フェイントはジャンプトスが基本

バックスイングを大きく使うほど、スパイクを打ってくると思われるフェイントになる

2

踏み切った時点ではどちらを仕掛けるかわからないフォームが理想

苦手克服のポイント

ポイント1 スパイクを打つふりしてトス

スパイクを打つと見せかけてトスを上げるフェイントは、踏み切った後、ギリギリのところでボールを引きつけるのがポイント。高いところでボールをとらえて相手ブロッカーを引きつけた瞬間、すばやくトスを両サイドに振りましょう。

ポイント2 トスのふりをしてスパイク

〔ポイント1〕とは反対に、トスを上げるふりをしてスパイクを打つフェイントも身に付けましょう。ジャンプトスから片手の手首でボールをとらえてスナップをかけてボールを落とします。ブロッカーがアタッカーに気を取られていると感じたら仕掛けていきましょう。

Check!!
チェック項目

- □ トスアップの際、バックスイングは使っているか?
- □ 高い位置でボールをとらえているか？
- □ 動きながら相手ブロッカーを視野に入れているか？
- □ 空中でボールを引きつけているか？

基本その1

いろいろなパスを一度に練習する！

パスの調整力を磨く

フロント、バック、ロングなどいろいろなパスを一度に練習し調整力を磨く練習です。4人が縦1列になり、ボールを出した後は出した位置へ移動します。サイドの選手は前方へパス（①）、そのボールを受けた選手は、逆サイドの人にバックパスを送ります（②）。バックパスを受けた人は、逆サイドへロングパスを送り出し（③）、控えの選手が①の動作（④）に入って繰り返し行っていきます。

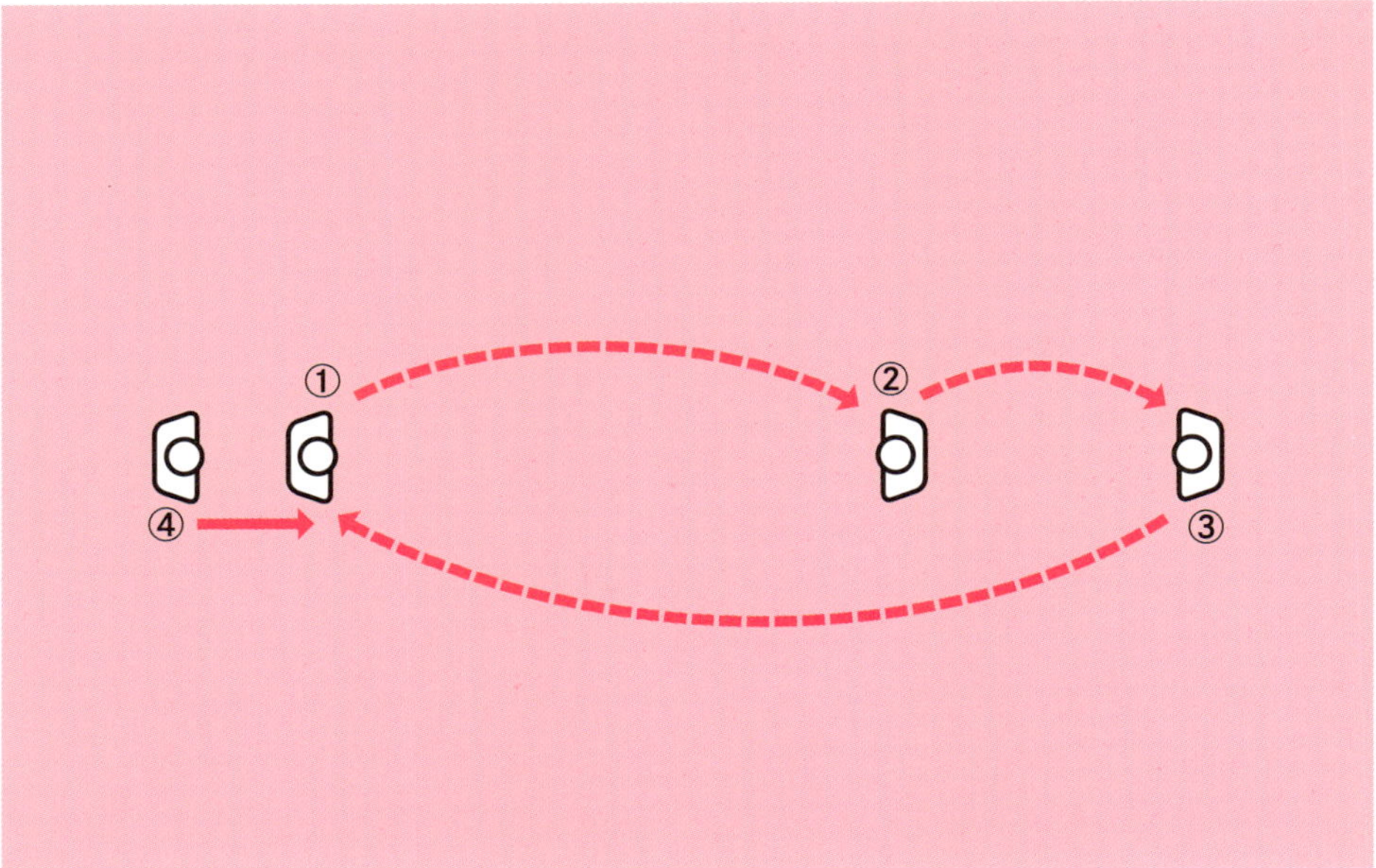

① 前方へパス　② バックパス　③ ロングパス　④ 控えの選手が①の動作へ

基本その2

パスした後も次の動きに備える！

連続的動作を身に付ける

パスと移動を繰り返しながら、ロングパスと短いパスの練習です。連続的動作を繰り返すことで、パスした後の予備動作をつけることができます。最初に逆サイドへロングパスを出します（①）、ロングパスした後は前方へ移動し（②）、前方からきたボールを正面に返します（③④）。そのボールを受けた人は、逆サイドにロングパスします（⑤）。いずれもパスした後は、ボールを送り出したほうへ移動します。

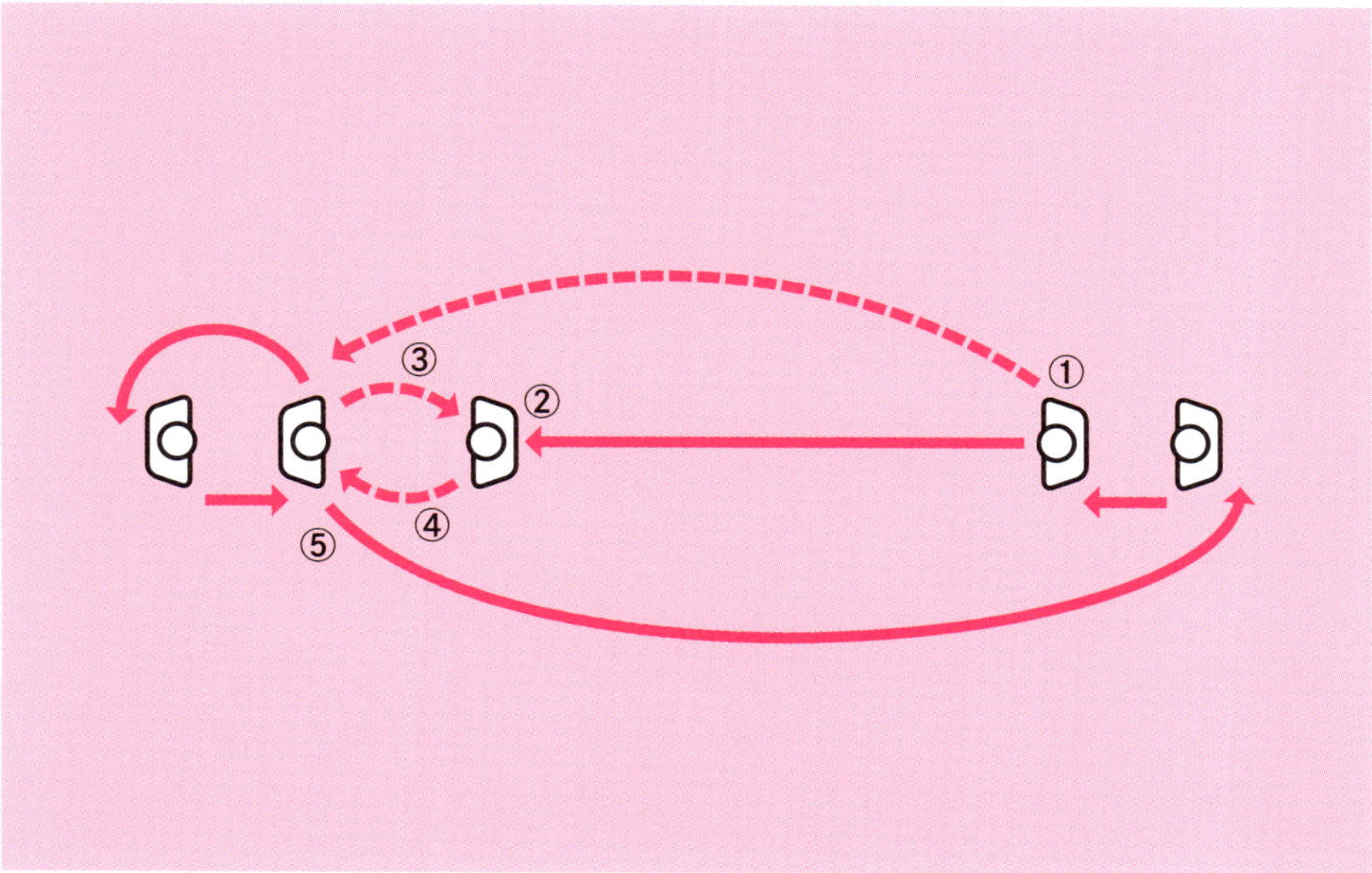

①② ロングパスした後、前方へ移動　③④ 短いパスをうけとり、正面に返す　⑤ 逆サイドへロングパス

応用その1

打つふりをして 敵を欺くジャンプトス

ジャンプトスでボールをつなぐ

動きながらでもトスを上げられる技術を身に付ける練習です。ネットから3mほど離れた位置に4人並びます。コートサイドからボールを投げてもらい、ネット際でボールを打つモーションを入れながら、ジャンプトスを横へ上げていきます。1つのボールをジャンプトスでつないでいきましょう。

ネット際へ走り込んでくる際、体勢を崩さないように注意してジャンプトスを上げる

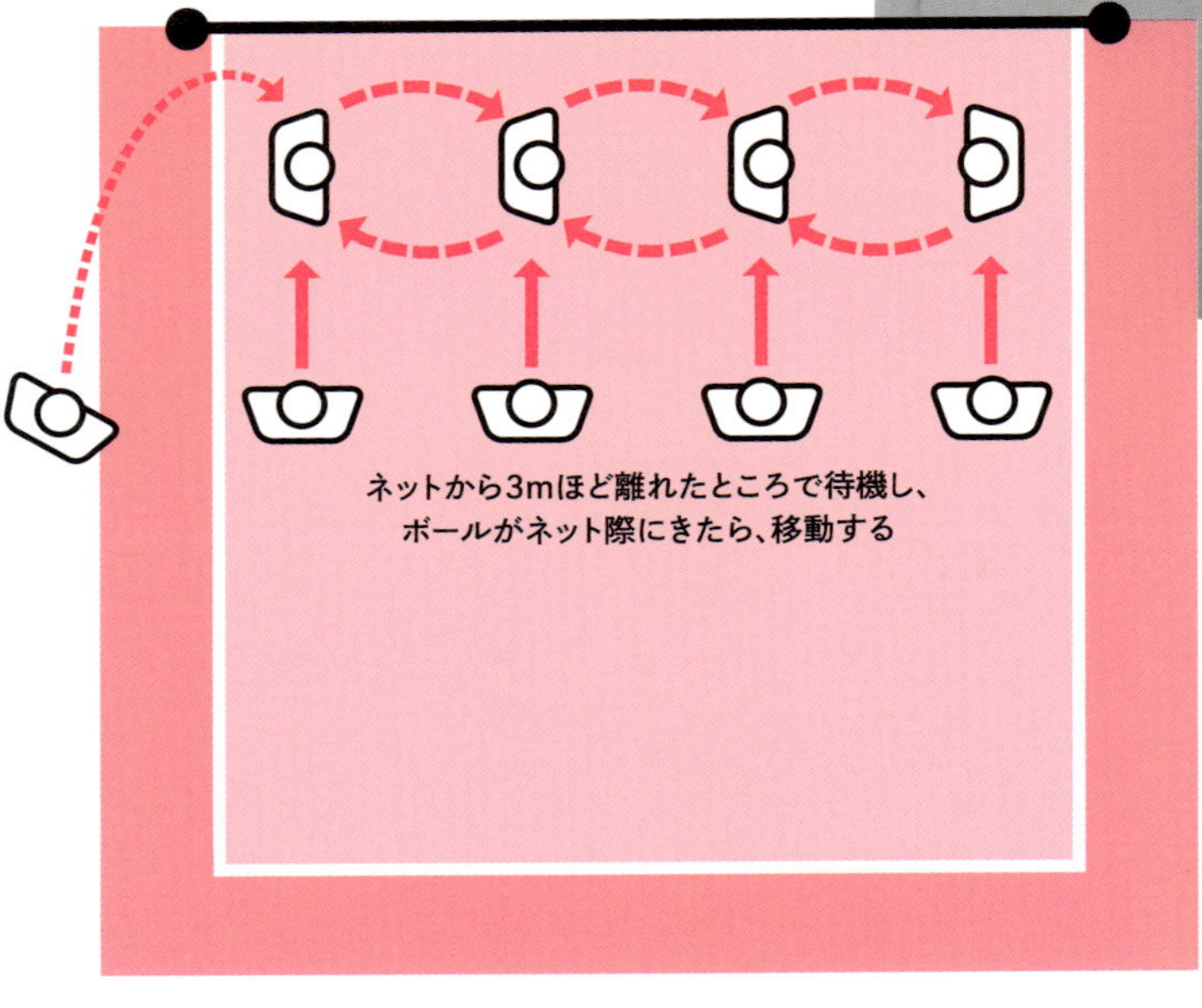
ネットから3mほど離れたところで待機し、
ボールがネット際にきたら、移動する

1つのボールでスムーズにボールがつながっていくように意識しよう

応用その2

ボールが飛び交う中、視野を広く保つ！

1 対角線上に向かい合って並ぶ

正確なパスを心がける

コート4ヵ所に並び、対角線上で向かい合います。パスをしたらすぐに反対側の列へ移動します。交差して行うことで様々なところでボールが飛び交うため、視野を広く保ちながら移動し、正確なパスを行うことが大切です。

2 2つのボールが交差するため、周囲をよく見る

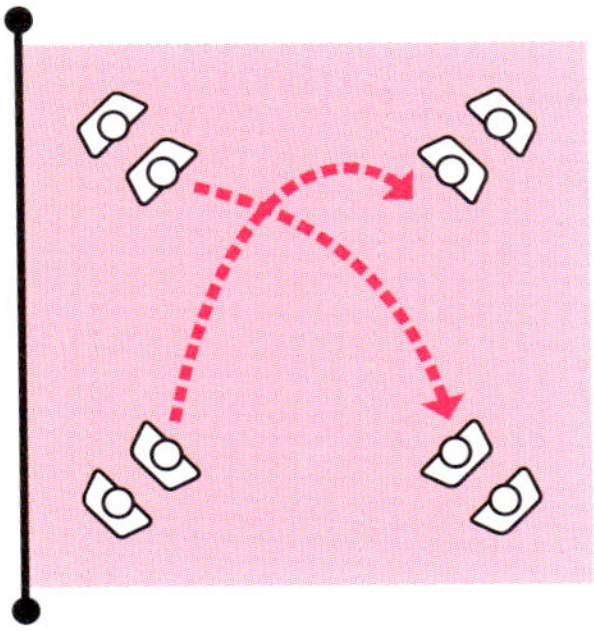

3 パスした後はぶつからないように移動する

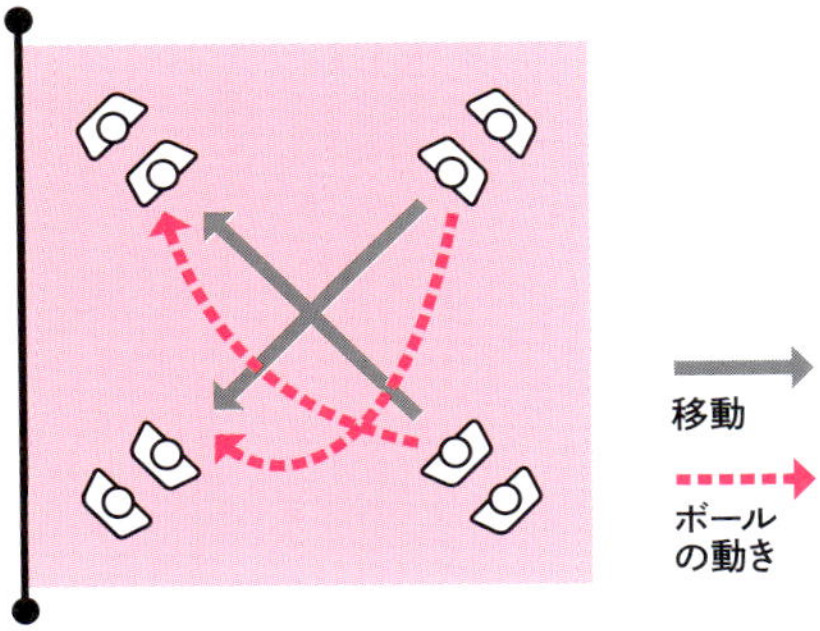

コラム⑦

小田急バレーボールクリニック

試合や練習の悩みをクリニックで解決

いくら楽しむためにやっているといっても、試合になればやはり勝敗は気になるものです。また、短い練習時間の中で、誰もが効率よくレベルアップしたいと考えます。そうした試合や練習の悩みを解決してくれるのがバレーボール教室。経験豊富な指導者も多く、様々なアドバイスをもらうことができるでしょう。

オリンピアンによる丁寧な指導で人気を集めるのが『小田急バレーボールクリニック』です。この本を監修する丸山（旧姓：江上）由美さんは、主任講師としてこれまで数多くのチームを指導してきました。現在は、神奈川県の11ブロックをはじめ、新宿、狛江、世田谷、町田などで1年に15回ほど開催されています。

1回につき約100名のママさんが参加するのも特徴で、人数が定員に達したときは各地区のチームから数名を選抜して実施されることも。講師は丸山さんの他に、オリンピアンや実業団経験者など豪華メンバーがずらり。工夫を凝らした練習の内容も飽きることがありません。「1人1人が主役」「楽しく」がクリニックのモットーです。

小田急バレーボールクリニックの講師陣とクリニックの模様　写真提供／小田急電鉄

8 Cover Play

第8章

カバープレー

ママさんのカバープレー

ママさんカバーの鉄則

解決!!

ママさんの ある!ある! カバープレー

- 二段トスが飛ばない…
- ブロックフォローで慌ててしまう…
- 二段攻撃が打ち切れない…

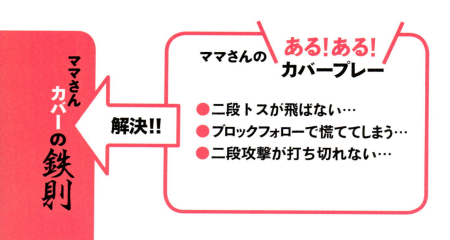

仲間のミスを帳消しにしよう

バレーボールは、コートでボールをつなぐ競技です。人と人がボールをつなぐので、そこで必ずボールに「変化」が起きます。サーブレシーブは必ずセッターに返り、トスが正確に上がるとは限りません。相手コートからボールが返ってくるときだけではなく、自分たちのコートにボールがあるときこそ、いつでもカバーできるように集中しましょう。チームメイトのミスをすかさずカバーしてミスを帳消しにすることが、勝利への近道です。

その1 カバー範囲を明確にする

自分たちが攻撃の戦略を立てるとき、相手の弱点を狙うように、相手チームも弱いところや空いているスペースを必ず狙ってきます。人と人の間のボールやコート外のボールは誰がとりにいくか、カバー範囲を明確にしましょう。

その2 「変化」をイメージしておく

ボールは必ずしも思ったところにくるとは限りません。サーブの変化、ブロッカーが接触することでの変化、パスの乱れによる変化を練習から想定してカバーするクセをつけましょう。常に試合をイメージすることが大切です。

ブロックフォロー

フォローから再び攻撃へと切り返すカバープレー

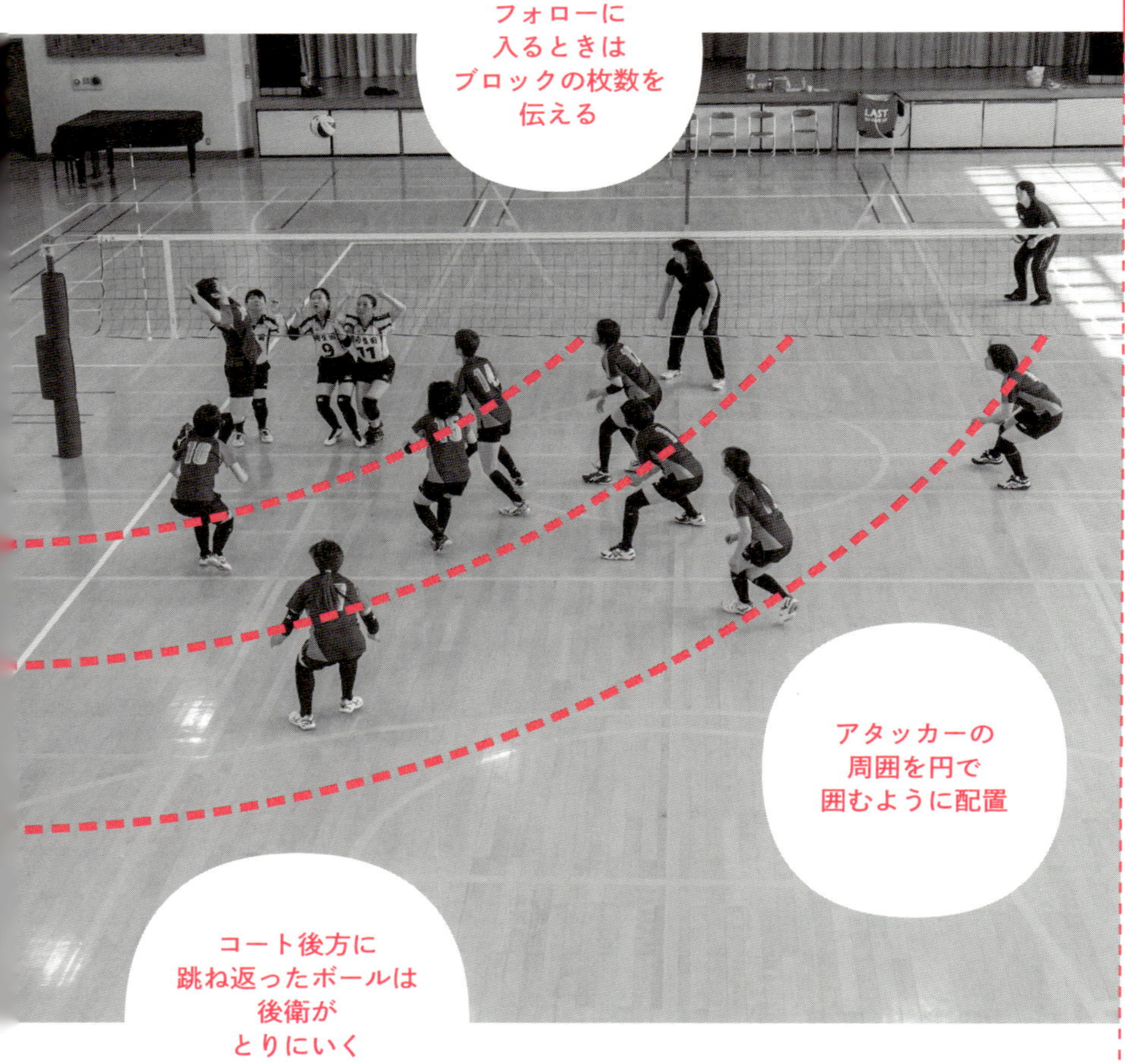
フォローに入るときはブロックの枚数を伝える
アタッカーの周囲を円で囲むように配置
コート後方に跳ね返ったボールは後衛がとりにいく

Check!!
チェック項目

- □ フォローする守備範囲は決めたか？
- □ ブロックのどこにボールが当たっているか？
- □ 落下地点を予測できているか？
- □ ブロックに当てるときの共通認識はあるか？

苦手克服のポイント

ポイント1 守備範囲を決めておく

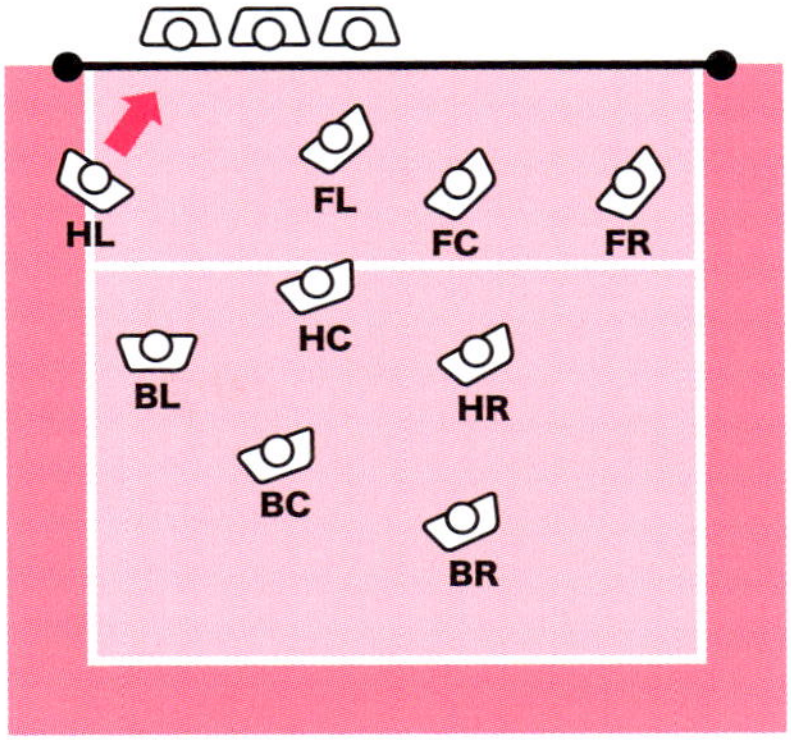

レフトから攻撃したときのフォロー

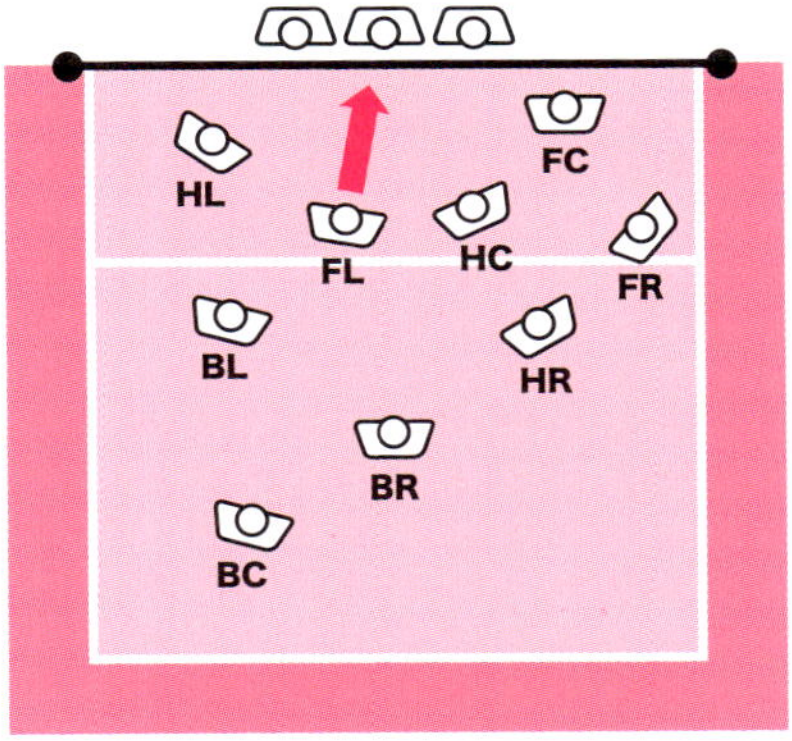

センターから攻撃したときのフォロー

9人制は相手のブロックが3枚つくことも多く、1回の攻撃では得点は決まりません。そのため、ブロックフォローも欠かせないカバープレーです。間に落ちたボールもしっかりフォローできるように、各選手の守備範囲を決めておくと混乱を避けられます。

ポイント2 落下地点を予想する

フォローのポイントは、アタッカーがどこにボールを当てたのか確認すること。ブロッカーの指先であれば、決して真下に落ちることはないので、落下地点を予想しましょう。トスが近い場合はブロックに当てるなど、チームで共通認識を持つことも重要です。

二段トス

全身のバネを使って打ちやすいトスを上げる

トスを上げるアタッカーに正対して、全身を使ってボールを運ぶ
サーブレシーブが乱れても、2本目のトスが上がれば、ミスは帳消しになる

苦手克服のポイント

ポイント1 全身のバネを使う

オーバーハンドで長い距離の二段トスを上げるときは、足首、ヒザ、股関節、肩などの関節のバネを使います。下から上へと全身の力がボールへ伝わるように、6mくらいの距離から練習しましょう。徐々に距離を伸ばしていきましょう。

ポイント2 下半身を使って筋力維持

アンダーハンドの二段トスはボールを高く上げなければいけないので、体を深く沈ませて、ヒザや腰の伸び上がりを利用してすくい上げるようにします。下半身の筋力維持を目的として「スクワット」をイメージして取り組むといいでしょう。

Check!! チェック項目

- □ ボールを運ぶときに全身のバネを使っているか？
- □ 足首、ヒザ、股関節、肩関節を意識しているか？
- □ アンダーハンドトスは下半身の力を使っているか？
- □ 練習時から二段トスの練習をしているか？

二段攻撃

ネットからトスが離れても
しっかりスパイクを打ち抜く

下に打ちつけるのではなく、ネット上の通過点が高くなる意識でスイング
ネットから距離があるため、助走を入り過ぎないように注意
周囲の選手は必ずフォローに入る
トスは正確に上がるとは限らないため、余裕を持って助走の準備に入る

苦手克服のポイント

ポイント1 ボールを巻き込むように打つ

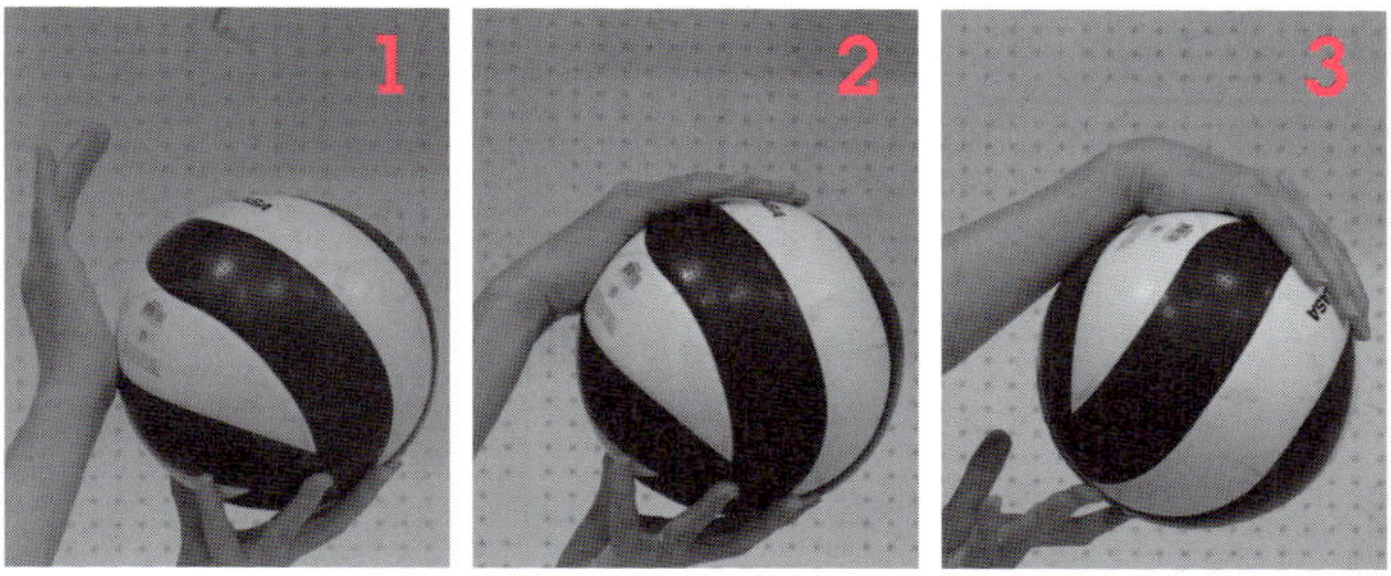

ママさんバレーはラリーが続きやすく、ネットから離れた位置によくトスが上がります。二段トスを打ち抜くためには、通常のスパイクのように下に打ち付けるのではなく、長いコースを狙う意識で手首をボールに巻きつけるようにミートしましょう。

ポイント2 トスの軌道を確認できるように

助走も大きなポイントです。二段トスの軌道を確認できるように、アタッカーは助走時、常に開く意識を持たなければいけません。右利きの選手がレフトから打つ場合、助走に角度をつけたほうがコースを狙いやすいでしょう。

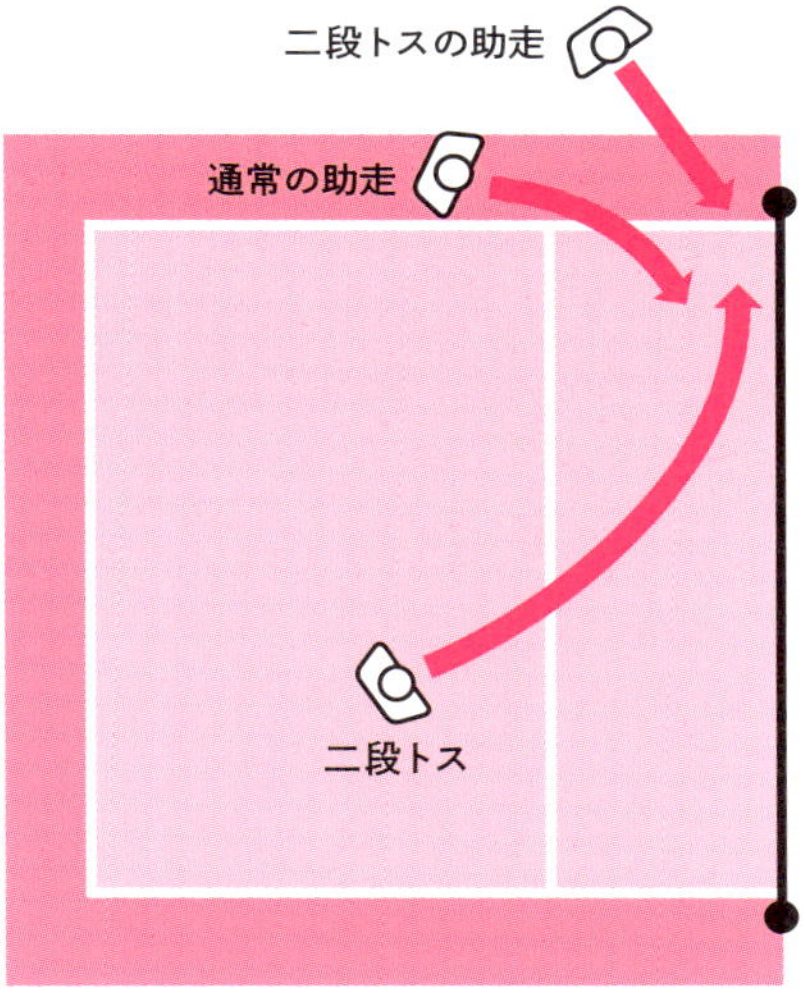

Check!!
チェック項目

- □ 助走時、トスの軌道を確認できているか？
- □ ボールを下から巻き込んで打っているか？
- □ 攻撃時、すぐに助走の準備はできているか？
- □ 助走に角度はついているか？

ネットプレー

9人制の醍醐味となる ネットを使った連携プレー

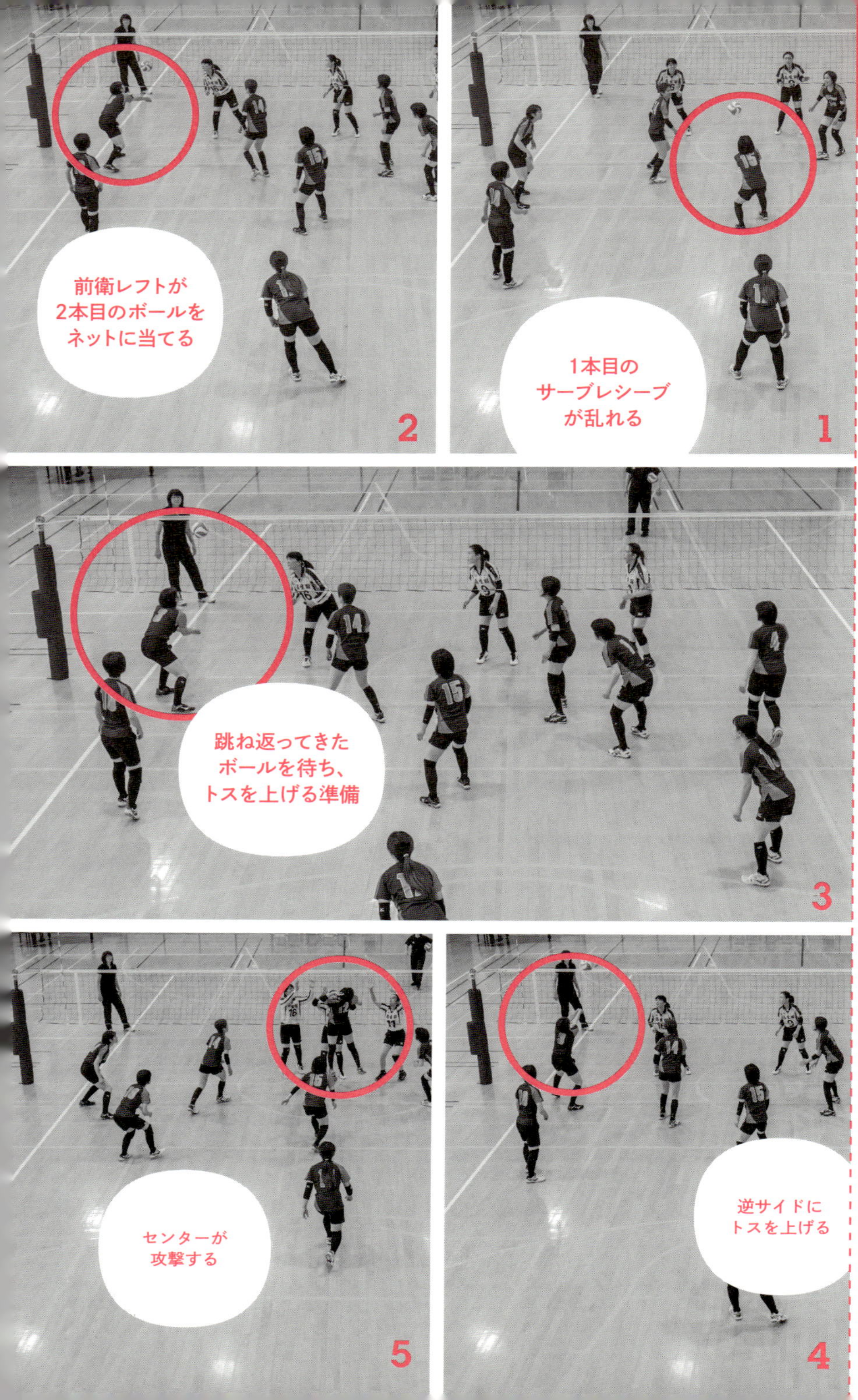
1本目のサーブレシーブが乱れる
1
前衛レフトが2本目のボールをネットに当てる
2
跳ね返ってきたボールを待ち、トスを上げる準備
3
逆サイドにトスを上げる
4
センターが攻撃する
5

苦手克服のポイント

ポイント1 ネットに当てて仕切り直す

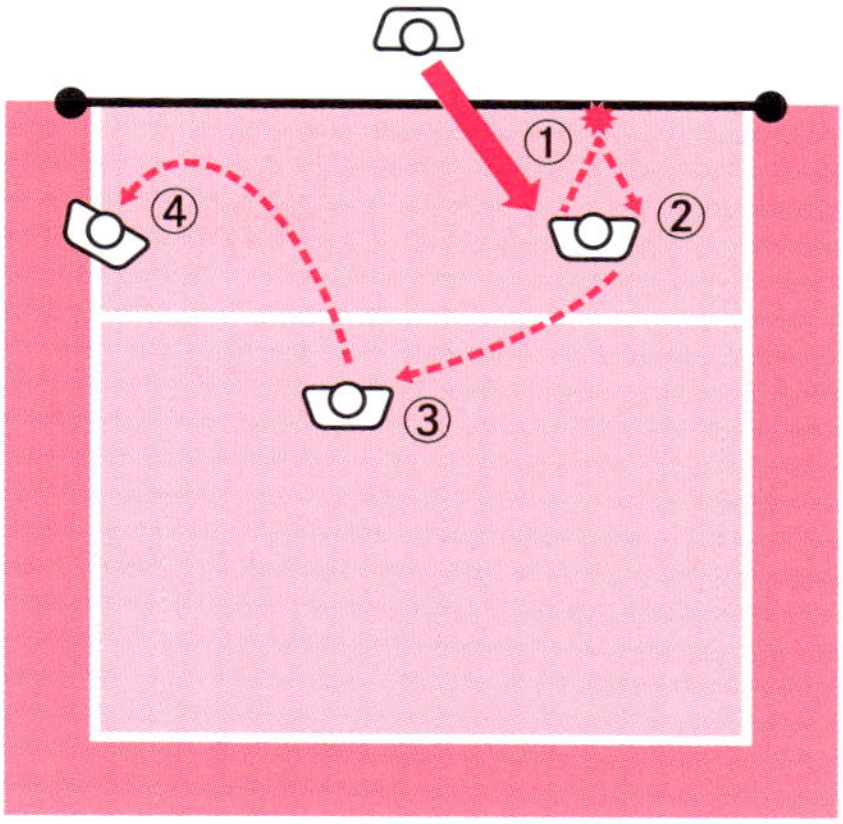

ネットプレーは9人制の醍醐味。ネットプレーを使うと、最大4回までボールタッチできます。味方にパスを送り出せないと判断したときは、すかさずネットに当てるとそこからさらに3回、ボールに触ることできます。

ポイント2 ネット下で引きつけて待つ

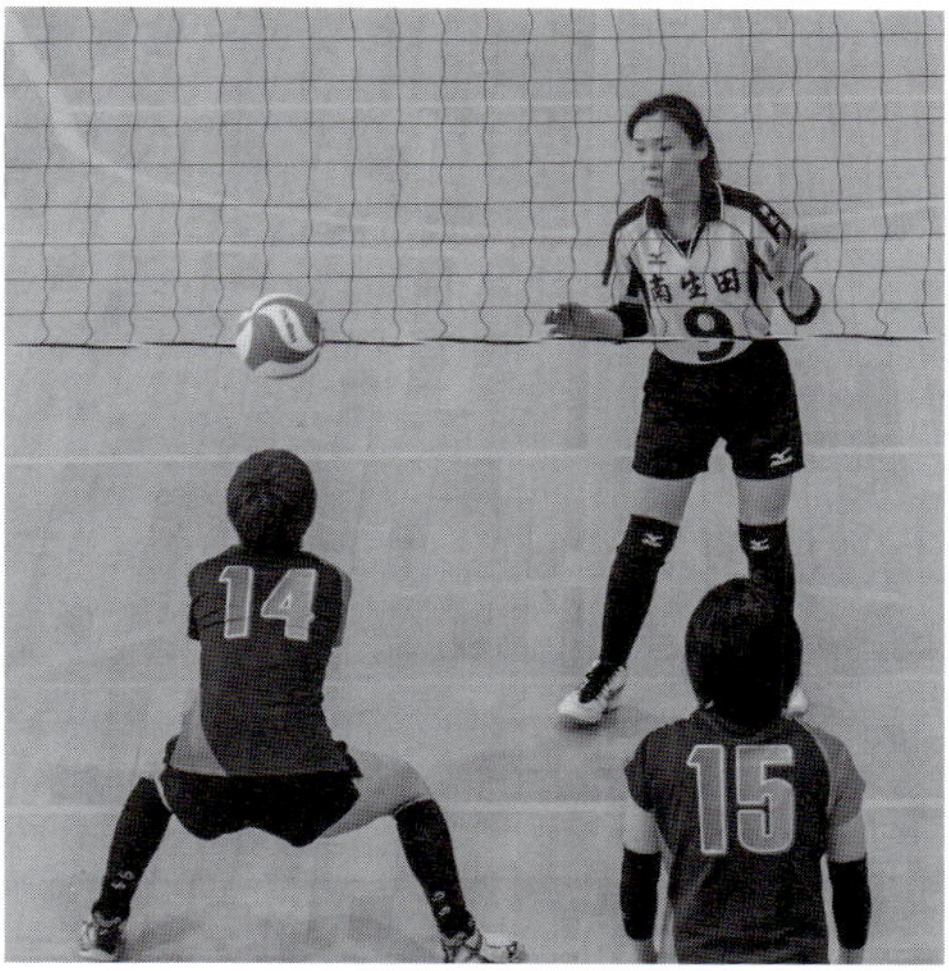

ネットの張り具合をチェックし、どこに、ボールを当てると、どんなボールが跳ね返ってくるか確認します。跳ね返ってきたボールは、前のめりにならないように、上体を起こしてボールを引きつけて待つようにとりましょう。

Check!!
チェック項目

- □ どんなときにネットプレーを使うかチーム内で決めておく
- □ ネットの張り具合を常にチェックする
- □ どこに当てたらボールが跳ね返ってくるか確認する
- □ 受けるときは、ボールを待つようにしてレシーブする

練習［カバー］

応用その1

ネットから離れた位置でアタックを打つ！

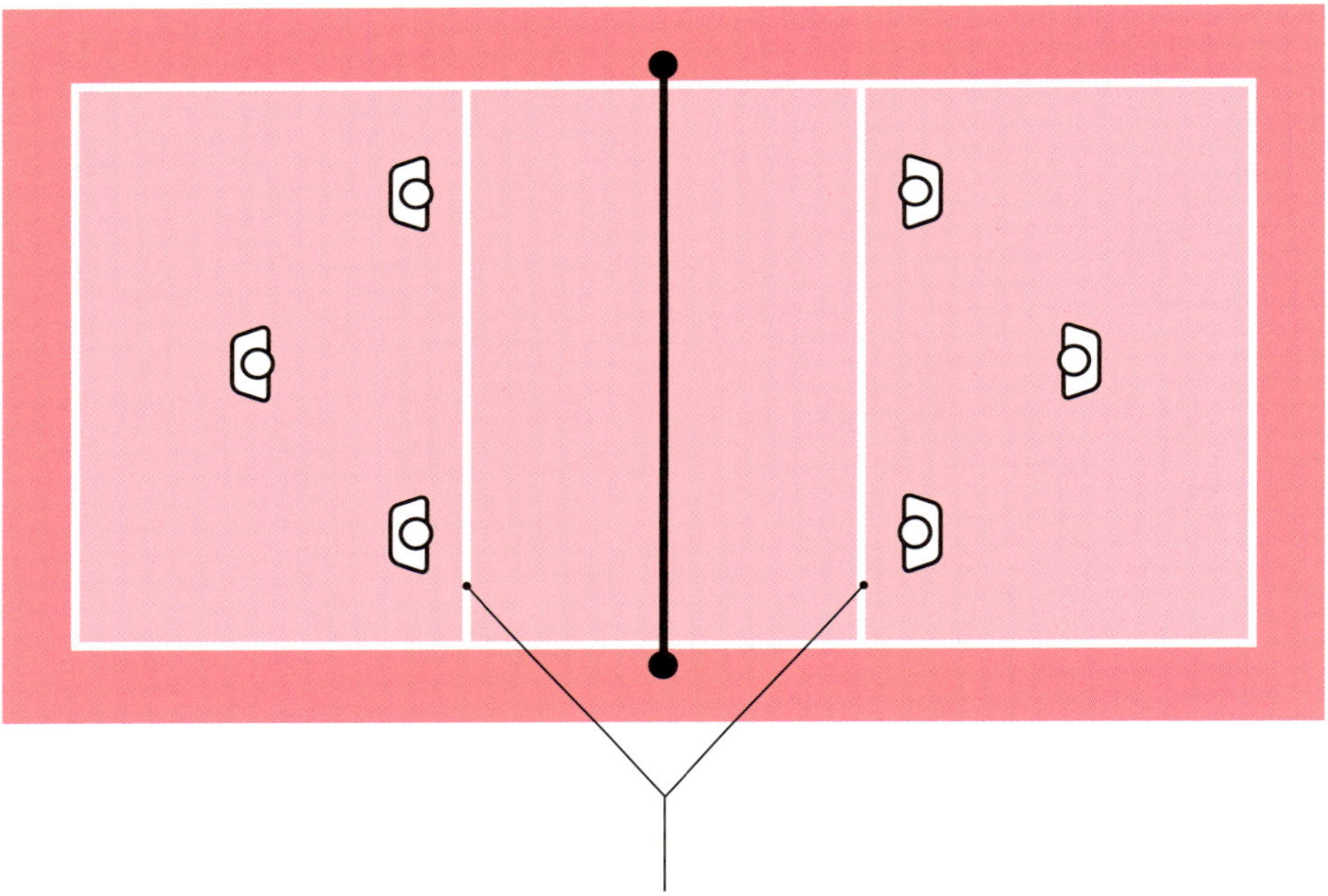

バックアタックゲームで練習

二段攻撃は必ずネットから離れた位置からアタックを打つため、あらかじめネットから離れた位置からの攻撃を練習しましょう。３対３でチームを組み、6人制で使うアタックラインを使用し、バックアタックのみでラリーを展開しましょう。

応用その2

跳ね返ってきたボールを打つ！

① ネットに向かってボールを打つ　② ネットから跳ね返ってきたボールをネットに向かって打つ

ボールの軌道を予測する

試合中でもとっさの判断でネットプレーを行うには、日頃からネットから返ってきたボールに対応できないといけません。ネット際を1人で移動しながら、ネットに向かってボールを打ち、跳ね返ってきたボールを打つ、これを繰り返します。ボールの軌道を予測しましょう。

応用その3

緊張感を持って ボールをつなぐ！

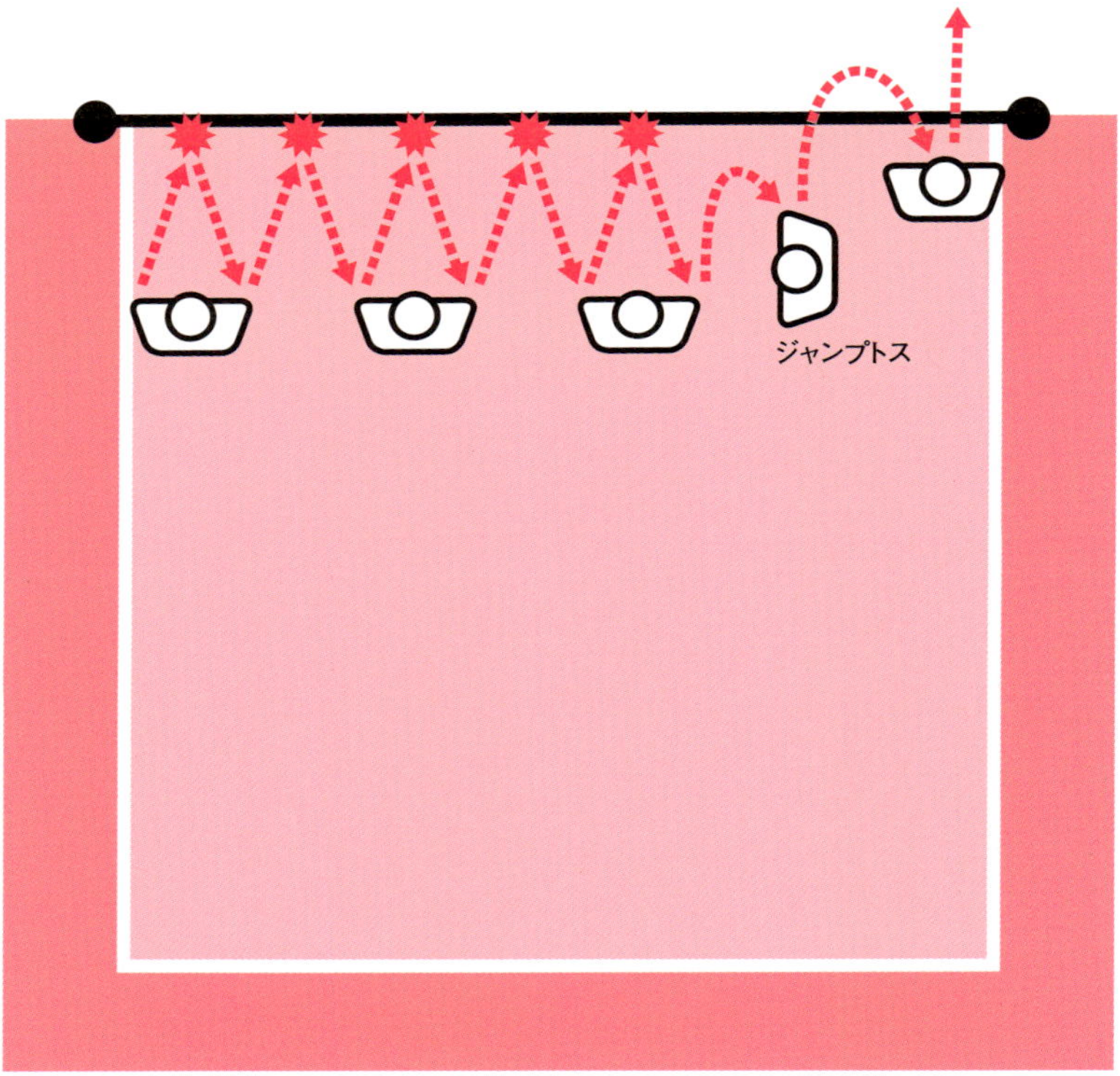

1つのボールをつないでスパイク

ネット際に5人並びます。最初の3人は、ネットに打って跳ね返ってきたボールをアンダーハンドパスでネットに当てるというのを繰り返し、4人目はジャンプトスをライトに上げて、5人目はスパイクを打ちます。パスが乱れたときに修正できるのが、ネットプレーのメリット。一つのボールをつなぐ緊張感を持って取り組みましょう。

応用その4

跳ね返ってくる場所を見極める!

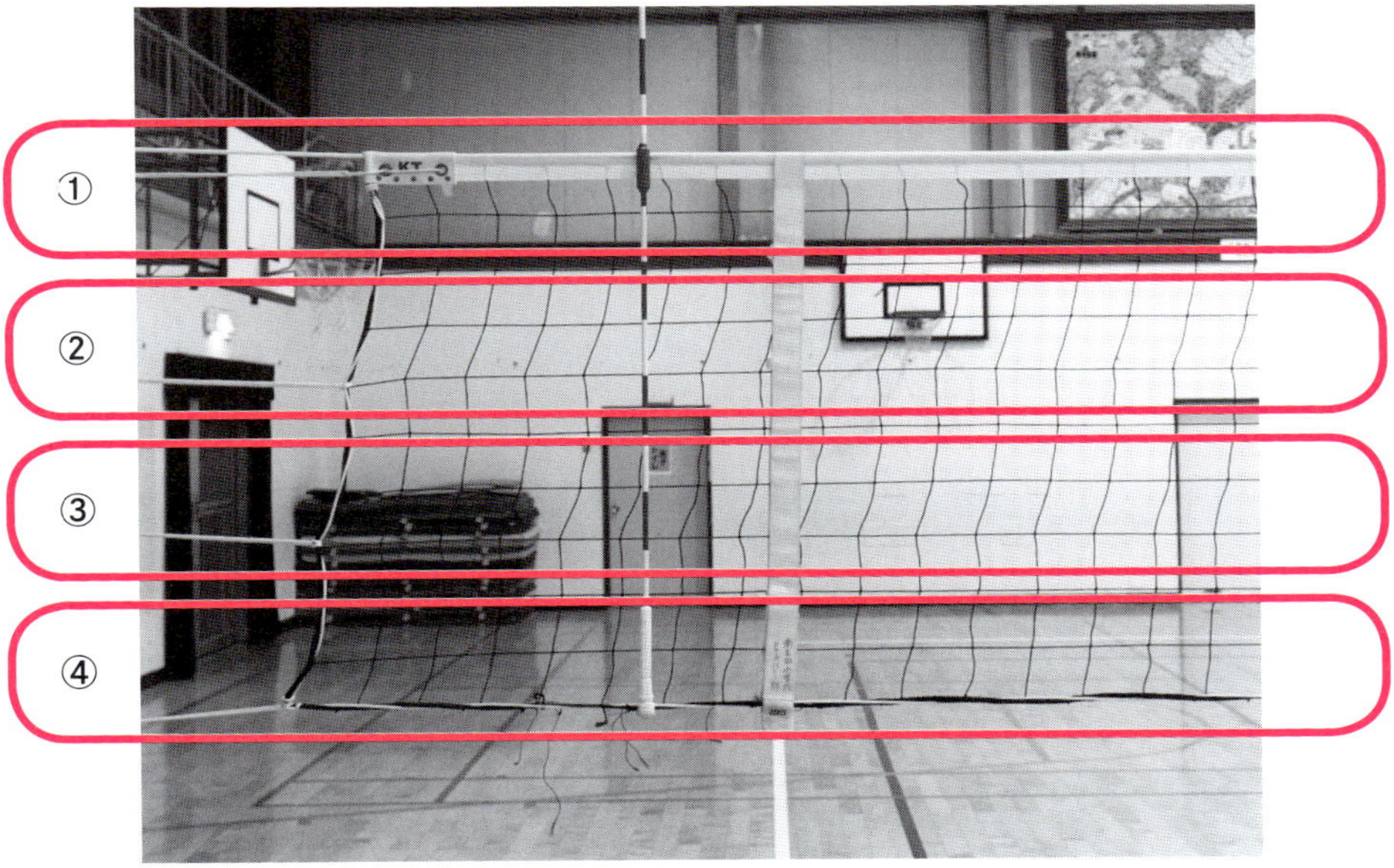

① 白帯付近：クッション性がないに等しいため、真下に落ちる
② ネット上部：クッション性が弱いため、跳ね返りの距離は30cm以内
③ ネット中央部：ふんわりしたボールが返ってくる確率が高い
④ ネット下部：強度が強いため、突発的に跳ね返る可能性がある

ボールの質をとっさに判断する

自分でボールをネットに当てて、そこから正確にパスをつなぐためには、ネットのどこにボールを当てたらどこに跳ね返ってくるか、把握していなければいけません。ネットの上部、中央部、下部とそれぞれボールの質が変わるので、処理できるようになりましょう。

応用その5

攻撃の起点からイメージをつくる！

パスからの選択肢を描く

ラリー中、1本目のパスは必ず「攻撃の起点」になります。パスが送り出される位置によって攻撃パターンがめまぐるしく変わっていくため、チーム練習を行う際、1本目にパスを出す人は、2つ以上の選択肢を描きながら、パスを送り出していきましょう。

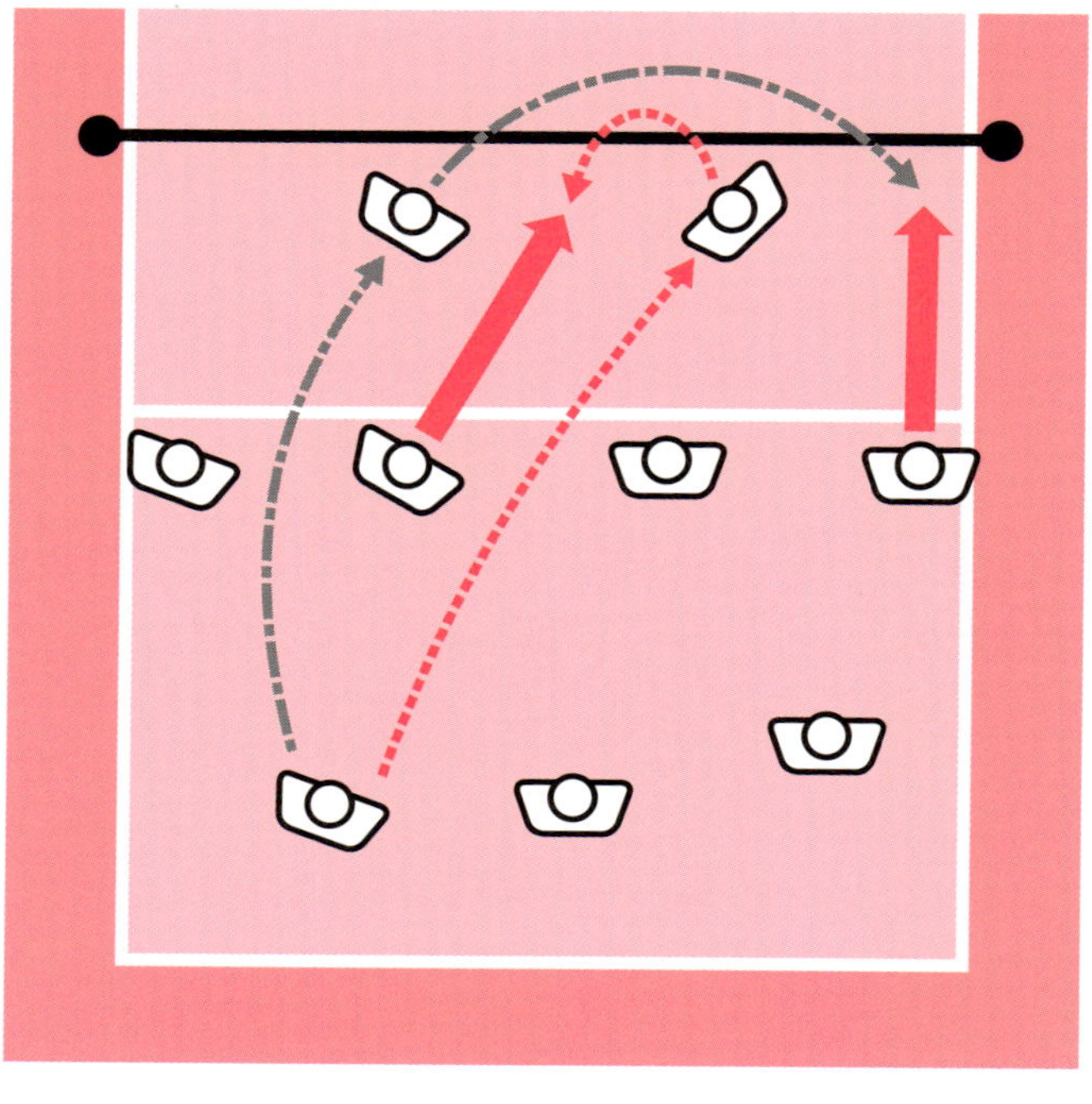

セッターへパスが入ったらクイック攻撃。そのため、パスは高めでも問題ない

セッターへパスを返せないときは、他の前衛へ返して逆サイドからオープン攻撃

応用その6

実戦や弱点を想定してゲーム練習!

場面と得点を設定する

ゲーム練習では、いろいろな場面を想定して行います。①から⑥のような場面を作り出し、少しずつ難度を上げて連続で行っていくといいでしょう。その他に、サーブの打数や得点設定をそのときの目的によって工夫すると、チームの弱点を強化できるでしょう。

ボール出しの場面設定

1. チャンスボールからの攻撃
2. ①+ダイレクト
3. ①+ネットプレー →二段トスからの攻撃
4. サーブレシーブからの攻撃→ブロックフォローからの攻撃
5. ④+①
6. 相手アタッカーをつける

チーム練習の設定例

- サーブの確率を上げたい → サーブの打数を1本にする
- 序盤の得点力を上げたい → 0−5からゲーム開始
- 終盤の得点力を上げたい → 16−18
- 人数が足りない → 9:1のチーム練習ではなく、6:3、4:4など対相手を重視した編成にする

コラム8

現役時代を振り返る

トップ選手から底辺を教える指導者へ

1984年のロサンゼルス五輪で銅メダルを獲得したバレーボールの日本女子チーム。その中心にいたのが丸山さんです。スピードとテクニックを武器に、10年以上も世界の強豪チームと戦ってきました。

そんな丸山さんがママさんバレーに関心を持つようになったきっかけは、やはり自身の出産でした。

「現役時代には、大会会場にいくと地域のママさんバレーのボランティアの方々が競技に集中できる環境を整えてくれましたし、大きな存在でした。私自身、娘を出産してからは、ママさんバレーの存在に興味を持つようになり、実際に指導に携わるようになってからは、ママさんのパワーのすごさを感じました」

ママさんバレーの指導に携わるようになって、たくさんの人たちとの関わりができ、そのたびに新しい発見がありました。「トップだけを見ていても、幅広い指導はできません」と丸山さん。指導する立場になり、底辺を支えている競技者の視点を大事にしていると言います。今では若い指導者と一緒に数多くのコートに足を運び、精力的に活動しています。

9

第9章

チームづくり

Team Management

ママさんバレーの目的

既婚女性のレクリエーション

「健康寿命」という言葉をご存知でしょうか。世界保健機関（ＷＨＯ）が打ち出した概念で、介護を受けたり病気で寝たきりになったりせず、健やかに日常生活を送れる期間のことをいいます。

厚生労働省によると、２０１３年の健康寿命は男性が７１・１９歳で、女性が７４・２１歳。平均寿命が男女ともに80歳を超えた今、この健康寿命を延ばすことが、国を挙げてのテーマになっています。

ママさんバレーのルーツは１９６０年代、既婚女性が楽しむレクリエーションとして始まりました。１９６４年東京五輪のバレーボール日本女子代表チームは金メダルを獲得し、「東洋の魔女」と呼ばれるほどの彼女たちの活躍が、全国に普及したきっかけになりました。今では、50歳以上の「いそじ大会」や60歳以上の「ことぶき大会」など様々なカテゴリも増え、〝生涯スポーツ〟として広く親しまれています。

ママさんバレーの魅力

　バレーボールの競技性が、コミュニケーションの基本と当てはまるところも人気の要因です。人は生きる上で、人を頼りにしたり、人に何かを与えたり、人から何かをいただかなければなりません。仲間が苦しんでいるときは手を差し伸べ、自分が苦しいときは仲間に助けてもらう。そんなコミュニケーションをこの競技でも体験することができます。ママさんバレーに夢中になっている多くの人が、とても明るく、活発で、非常に有意義な毎日を過ごしています。

　また、ママさんの多くが家庭を持ち、子どもを抱えています。当然そこには、ご主人の理解が必要であり、おじいちゃん、おばあちゃんに助けてもらわなければいけないこともあります。ママさんは、実にいろいろなものを抱えているのです。

　ぜひ一度、コートで活躍している姿をご家族に見てもらってはいかがでしょうか。ユニフォームを着て輝いている姿を見てもらえば、ご主人が洗い物を手伝ってくれるかもしれません。汗を流してボールを追いかけている姿を見せるだけで、子どもたちは尊敬のまなざしを向けてくれるはずです。

　そうして豊かな感情を得られるのが、ママさんバレーの一番の魅力です。

キャプテン・リーダーの役割

リーダーに欠かせないもの

　リーダーの役割は多岐にわたります。チームの人数や時間を考慮して練習メニューを組んだり、次の試合のメンバーや作戦を考えなければいけません。遠征になれば、交通や食事の手配も必要でしょう。選手のコンディション管理もリーダーの仕事です。

　言い換えるなら、それもママさんバレーの醍醐味。チームには、個性豊かな集団をひとつにまとめるリーダーの存在が求められます。

　では、リーダーに求められる資質とは何でしょうか。6つの心構えを列記しました。

　1に、情熱です。それなしに、チームは成立しません。リーダーがチームに求めていること、進むべき方向性、それらをメンバーに発信していくには、何よりも情熱が必要です。

　さらにリーダーは、それぞれの選手が目標(夢)を持てるように配慮する必要があります。「大会で優勝する」「試合に出る」「公

リーダーに求められる資質

1. 情熱に勝る指導法なし
2. 選手に目標（夢）を持ってもらう（チームとして、個人として）
3. 選手の長所を伸ばす（褒めて自信を持ってもらう）
4. 指導者は、選手の健康状態や体力に留意する
5. 常にプラス思考を持つ
6. 練習はウソをつかない

式戦で1勝する」。設定する目標は何でもかまいません。もちろん、大会に出場しなくても、「楽しくバレーボールがしたい」という目標でもいいでしょう。大事なのは、その目標を全員で共有し、そこに向かって足並みをそろえることです。

逆に、リーダーが「これくらいでいいか」と目標を曖昧にすると、選手も「これくらいでいいか」とモチベーションを下げてしまいます。それではチームはひとつになりません。リーダーはどうすれば全員が同じ目標に向かって進めるかを考えるべきです。

次に3について。リーダーは、各選手に役割を与えなければいけません。人は誰しも、人から必要とされるとうれしいもの。それは、誰でも同じです。だからこそ、その人にとっての一番の取り柄を、リーダーが見つけてあげてほしいのです。

ただし、取り柄と言っても、必ずしもプレーのことだけではありません。記録をつけるのが得意な人がいます。スケジュール管理や交通の手配が得意な人もいます。声を枯らして応援したいという人もいるでしょう。そんな選手には、「あなたがいないと試合が盛り上がらない」という言葉がけができます。そうして褒めて、その人の居場所を見つけましょう。

悩みを理解して共有する

4について、選手の健康

状態や体力を把握しておくのも、リーダーの大切な役割です。風邪を引いて体調が悪い人がいたら、早めに練習を切り上げましょう。筋力が落ちている人には、練習の負荷を軽くする心配りが必要です。わかりきったことでも日頃から「風邪を引かないようにね」「マスクをしてね」と伝えることも大切。体がキツければ、無理をすることはありません。

　また、ママさんの悩みは、健康のことばかりではありません。家庭環境で悩んでいる人もいます。子どもが受験を控えていたら、そうした相談に乗ってあげるのもひとつでしょう。家庭が優先のママさんも多く、子どものイベントがあって大会に出られないこともあります。午前中は子どもの卒業式で、午後からしか参加できないという人もいます。そうした家庭の事情を把握し、個人の置かれた立場を理解するのもリーダーに求められる資質です。

　せっかく楽しくバレーボールをしているのだから、やはりいつでもプラス思考でいたいものです。それが5つ目の心構え。欠点ばかり見つけていても、練習は面白くありません。苦手なことを克服するのも大事ですが、できるだけ長所を見つけ、伸ばしてあげましょう。

　最後に、練習はウソをつきません。一生懸命やったことは、必ず身になります。それを信じて、練習に励んでください。

練習メニューの立て方

時期によって異なる取り組み

大会までの期間は、大きく4つに分けられます。次の大会まで6カ月前後空いているのが「移行期」。ここは新シーズンのスタートです。練習場所となる体育館や用具の確認をしておきましょう。

次に、大会まで3、4カ月前の「鍛錬期」は、1年を通して最も練習に負荷をかける時期です。各選手が弱点を克服し、基礎体力のアップに努めます。

「完成期」に入ると、練習の内容は「個人」から「団体」へと移行していきます。フォーメーションを固定して攻撃のコンビネーションを高めたり、チームとして守備の連携を確認していきます。対戦する相手がわかっていたら、対策を立てることも大事です。

大会の直前となる「試合期」は、いよいよチーム作りの最終段階。疲労を残さないように、体調管理にも気を配りましょう。目標の達成に向けて、気持ちも高めていきます。

大会6カ月前 移行期 …… 大会の疲れを取り除き、次の期間に向けて体力をつける。練習用のコートの確保や用具の確認もしておく。

大会3カ月前 鍛錬期 …… 1人1人が弱点を補強し、基礎体力、基礎技術を向上させる。初心者は、練習方法を工夫しながらバレーボールの技術を体にしみ込ませる。

大会1カ月前 完成期 …… 試合のためのフォーメーション、チームプレーの完成と精神的なまとまりを育てる。対戦相手がわかっていたら研究する。

大会直前 試合期 …… 試合の作戦を立て、それぞれの選手の調子を整える。

練習メニューの主な流れ

集中して取り組めるメニューを作る

練習メニューを組むときに意識するのは、ワンパターンにならないことです。選手を飽きさせず、「次は何をやるんだろう？」と思わせるようにすること。もちろん、コツコツと反復しなければいけない練習もあるので、そこはきちんと説明しなければいけません。指導者の工夫も大切で、長時間の練習なら変化を加えることも必要です。いろいろなアイデアを出しながら、どんな練習をすればいいかを決めていきましょう。

練習はウォーミングアップからはじまるのが基本です。ランニングやストレッチで体をほぐしたら、必ずキャッチボールをしておきます。利き腕だけでなく、逆の手でボールを投げてもいいでしょう。あるいは両手で投げたり、両足の間からボールを通すなど、いろいろなパターンでボールを投げ、バランスよく体を動かします。

次に対人パス、シート練習などの基本練習。レシーブの動きに体が慣れてきたら、スパイクなどジャンプ系の練習に入っていきましょう。心拍数を高めていく中で、合間にサーブ練習も入れていきます。試合の直前なら、コンビ攻撃など実戦を想定した練習をします。

　最後はゲーム形式。人数が足りなければ、6対6や9対3など変則的なやり方でもかまいません。前の試合で出た課題は、ここで修正しておきます。

　もちろん、これはあくまでも一例です。必ずしもこの通りにしなければいけないわけではないので、チームのレベルや人数、時期などに合わせて練習メニューをアレンジしてください。

体育館での主な練習メニュー例

〈ウォーミングアップで体を温める!〉

- ●ランニング
- ●ダイナミックストレッチ
- ●キャッチボール
- ●対人パス

〈ボール練習で感覚を養う!〉

- ●シート練習
- ●スパイク練習
- ●サーブレシーブ練習
- ●サーブ練習
- ●ゲーム形式練習
- ●クールダウン

体育館の外でできる主なメニュー

〈筋力維持〉

- ●移動はエスカレーターではなく階段を利用する!
- ●階段は一段飛ばしして上る!
- ●かかとを上げながら料理をつくる!

〈体のケア〉

- ●お風呂後のストレッチ

大会までのプランニング

目標の方向性を固める

ママさんバレーには、地区大会、県大会、関東大会、交流大会、全国大会等、全国各地で様々な大会があります。最も歴史があるのは、「一般社団法人全国ママさんバレーボール連盟」が主催する「全国ママさんバレーボール大会」です。1970年に「全国家庭婦人バレーボール大会」として第1回大会が開催。今では都道府県の予選を勝ち抜いた48チームが参加し、4日間にわたって熱戦を繰り広げています。

多くのチームが大会に出場することを目標に、練習計画を立てています。ただ何となく練習をするのではなく、ここでも具体的な目標を見据えたうえで練習の内容を考えたほうが効果的です。選手全員の方向性が一致しやすく、チーム全体の強化につながります。

上記の7つの項目は、練習メニューを組むときに抑えておきたいポイントです。まず目標とする大会を設定し、そこまでの残り期間によって練習を組んでいきます。例えば、大会まで半年もあるのに、そこで対戦相手の対策はできません。ここではサー

練習メニューを組むときのポイント

1. 1週間、1カ月、3カ月、6カ月と大会までの期間によって練習内容を考える
2. 「易→難」「単純→複雑」「軽→重」「量→質」「部分→全体」
3. 同じ技術でも、多くの練習方法を考え、知り、伝える
4. 同じ練習を長時間やらない。変化をつける
5. メンバー全員が練習に参加できるように役割を与える
6. 試合のための練習をする
7. 練習終了後は、反省、修正、再計画をする

ブやサーブレシーブなど、少人数でできる練習を中心に取り組みます。初心者はここで、必要な技術を身に付けましょう。

逆に、大会の1週間前に、疲労が残るほど激しいトレーニングをする必要はありません。練習の負荷を軽くして、試合に備えます。

期間に合わせて変化をつける

ポイントのひとつとして、6カ月や1年などの長期で、大まかな計画を立てます。次に、1カ月や3カ月の計画で、「レシーブを強化する」「サーブとサーブレシーブを数多くこなす」「コンビを調整する」など必要な強化項目を具体的に決めます。大会が近づくにつれて練習の内容もより具体的になり、1週間ほど前から対戦する相手チームの対策などが入ってきます。

次に、②に記したように、練習の内容を易しいものから難しいもの、単純なものから複雑なものへと発展させていきます。チームの特徴や実力に合わせて調整していきましょう。

何事もそうですが、同じことばかり繰り返していたらやはり飽きてしまいます。バレーボールの練習も同じです。ときには、難しいものから易しいもの、複雑なものから単純なものと順番を逆にするのもいいでしょう。変化をつけながら、全員が楽しめるように練習内容を工夫することが大切です。

プランニングの流れ

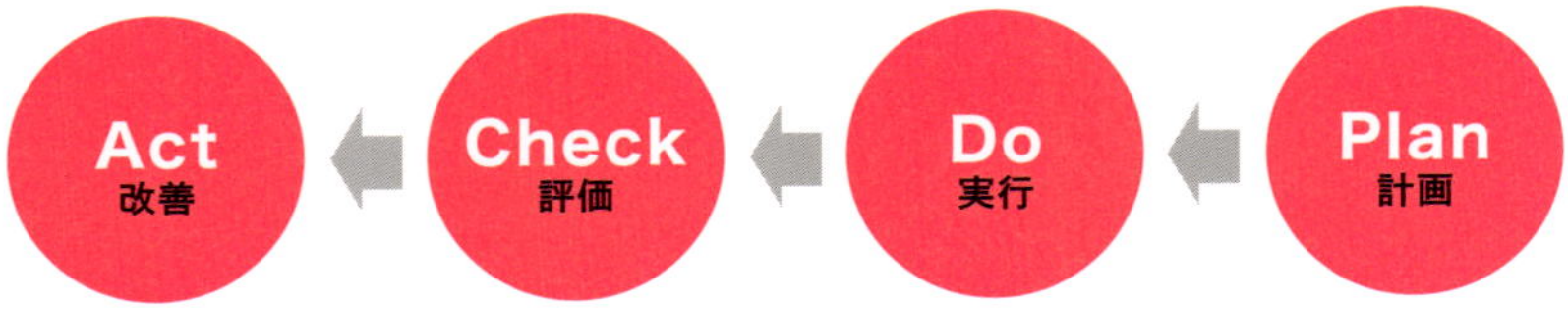

大会までの練習プランニングの例

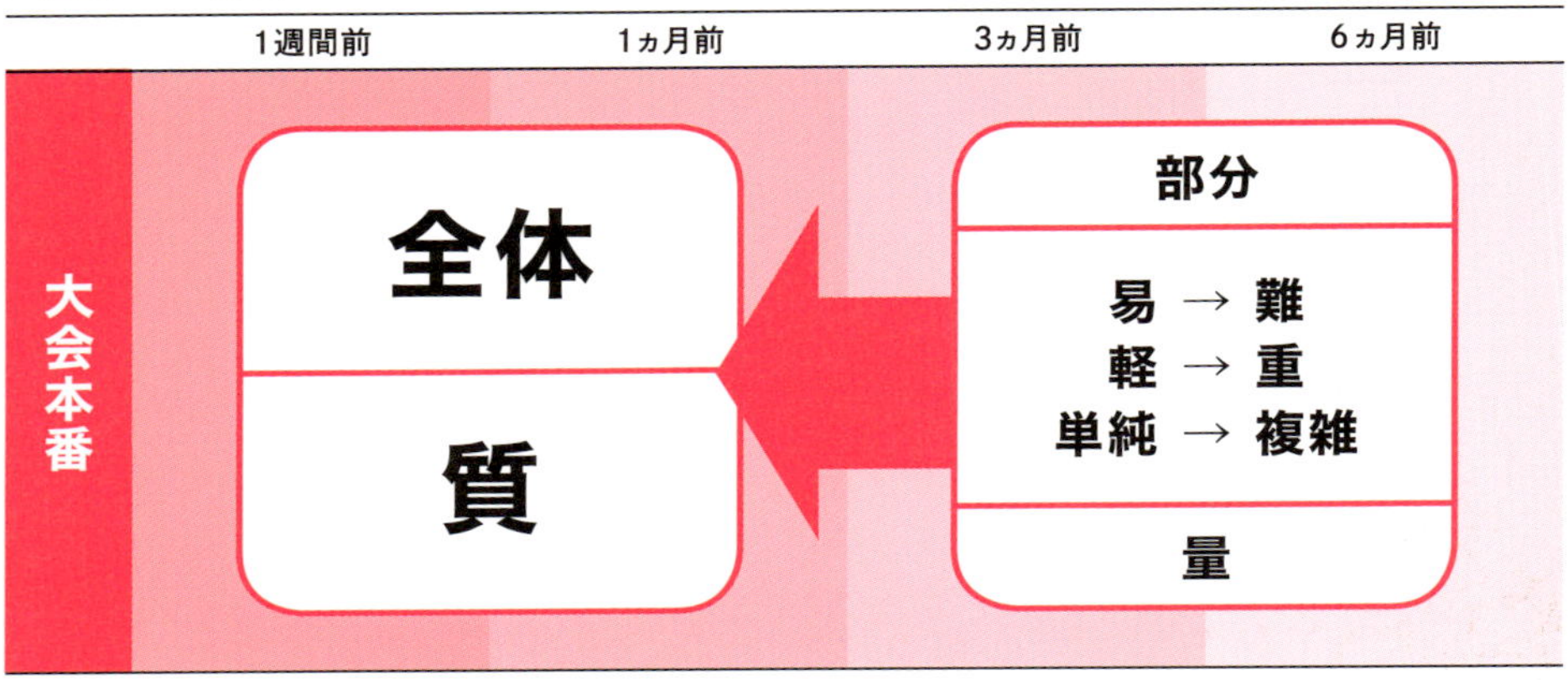

練習は必ず試合を想定する

練習には、できるだけ全員が参加できるようにしましょう。ハードな練習が難しければ、ボール拾いや、データの記録でもかまいません。役割はきっとあります。大切なのは、個々のスキルに関わらず、全員がボールに触れる機会をつくること。1人1人のレベルアップが、チーム力の底上げにつながります。

また、ママさんに限ったことではありませんが、中には練習のための練習をしているチームがあります。練習は、試合のためにするもの。個人のレシーブ練習やサーブ練習も1人でやらず、試合を想定してできるだけ複数人でやるようにします。

練習でやっていないことをいきなり試合でするチームもありますが、これもいいことではありません。まったく未経験の人をセッターにしたり、やったことがないコンビを試合でいきなり試すチームもあります。試合で発揮できるのは、練習でやってきたことだけです。そのことを忘れないようにしてください。

最後に、練習が終わったら反省点を洗い出し、次の練習で修正できるように計画を立て直しましょう。ノートに書くなど、個々で整理しておくことも大事です。そうした積み重ねが、実際の試合で活きて、チーム力のアップにつながります。

コンディションの整え方

試合前

①技術的な準備

仮に試合までの期間を10日とした場合、チームの緊張感を保ちながら、疲労を残さないように軽めの練習をしなければいけません。また、できるだけチーム全員が参加して練習することも重要です。

試合までに確認しておきたい技術的なポイントは上記の4つです。

まずは1の「自分たちの特徴的なプレー」を伸ばし、試合で発揮することを心がけましょう。攻撃が持ち味であれば、コンビネーションに磨きをかけます。レシーバーは、その攻撃を活かすためにどんなレシーブを返せばいいのかを考えましょう。

次に大切なのが、2の「サーブとサーブレシーブ」です。バレーボールにおける大事な技術はたくさんありますが、特にこの2つに関しては、試合がはじまるギリギリまで調整してもかまいません。サーブの場合はトスを、サーブレシーブは他の選手との連携を重点的に確認しておきます。

3の「相手の対策」も大切です。相手のエースがわ

試合前に必要な技術的な準備

1. 自分たちの特徴的なプレー
2. サーブとサーブレシーブ
3. 相手の対策
4. 個人練習

体調管理

1 風邪の予防

2 プレー時のケガ

3 疲労対策

かるなら、どんなブロックでスパイクのコースを限定するのか。そして、レシーバーはどの位置を守ればいいのかをあらかじめ決めておきます。

試合前の公式練習では、相手のコートを見てエースの動きをチェックしておきましょう。ストレートに打つのが得意なのか、あるいはクロスに打つのがうまいのか。相手の情報を頭に入れておくだけで、コートに立ったときの不安を取り除くことができます。

4の「個人練習」は最後です。自分が苦手だと思っているプレー、あるいは不安なプレーを重点的に練習します。ただし、苦手な部分を克服しようとするよりは、得意な部分を伸ばしたほうが練習にも力が入ります。

②体調管理

選手1人1人はチームにとって大切な財産です。1人でも欠けると、万全の状態で試合に臨めません。リーダーは、各選手の体調をしっかり管理しておきましょう。特に気を配っておきたいのが、上の3つです。

風邪の予防に関しては、うがいや手洗い、ビタミンCの摂取を徹底します。特に冬は空気が乾燥しており、インフルエンザなどの感染症に気をつけなければいけません。夏は熱中症の心配もあります。リーダーは、喉が渇く前にこまめな水分補給を心がけましょう。体調によっては、練習の負荷を軽くしたり、休みにしましょう。無理をして、試合に出られなくなっては本末転倒です。

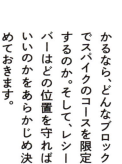

また、年齢を重ねるごとに筋力は衰えていくため、ケガはつきものです。とくに予備動作なしで瞬発的に動く動作は、アキレス腱や靭帯断裂につながります。ウォーミングアップでしっかり筋肉を温め、体を支える筋肉に負担をかけない動きを身に付けましょう。

ただし、突発的なケガに関しては、防ぎようがないものもあります。例えば、選手同士の接触による打撲。走ったりジャンプしたときに起きるねん挫。こうした不測の事態に備え救急箱を準備し、処置の仕方を知っておき

メンタルを強くするために

1 プラス思考
2 イメージトレーニング
3 試合前の気持ちの高め方

ましょう。

　疲労を残さないように、練習のあとのストレッチは欠かせません。ママさんの場合、体育館の使用時間に制限があるところが多く、十分にクールダウンができないことも多いと思います。そんなときは、自宅に帰ってしっかりと入浴し、マッサージなどでリフレッシュしましょう。

③メンタルトレーニング

　いい精神状態を保つには、常にポジティブなイメージを持つことです。逆に「失敗したらどうしよう」「私のところにボールがこなきゃいいのに」とネガティブなイメージを持っていると、何をやってもうまくいきません。

　つまり「プラス思考」を持つことが大事です。さらにメンタルを強化するためには、上の3つのポイントを意識してください。

　イメージトレーニングといっても、難しく考えることはありません。ポイントは、常にいいイメージを持つこと。例えばママさんバレーの場合、サーブは2回打つことができます。「失敗してもいいから1本目は攻めていこう」というくらいのポジティブな気持ちで臨みましょう。

　また、負けたらどうしようと思って試合に入ると、緊張で体が動かなくなることがあります。リラックスしてコートに立てるように準備しておきましょう。

　試合前の気持ちの高め方は人それぞれです。音楽を聴いて気持ちを集中させたい人もいるでしょう。友人とおしゃべりしながらリラックスしたい人もいます。試合の何分前にユニフォームを着て、何分前にシューズを履くなど、自分なりのルーティンを持っている人もいます。大事なのはコートの中で最高のパフォーマンスをするための準備であり、こうしなければいけないというものはありません。監督やリーダーと相談しながら、チームとしてどう進めていくかを決めておきます。

　試合で緊張しないように、普段から試合用のユニフォームで練習をしたり、審判を入れるなどして、本番を想定した練習ゲームをすることも大事です。

試合当日

スケジュールを常にチェック

試合当日は、タイムスケジュールが決められ、チームの行動時間が限られています。そのため、リーダーやキャプテンは、1日の試合数や時間帯も考慮しながら、昼食や軽食を食べるタイミング、休憩できる時間をあらかじめ決めておきましょう。選手によって、パフォーマンスを発揮するための調整方法が異なります。「エネルギー補給する時間がなかった…」なんてことにならないように、スケジュール管理を常に怠らないようにしましょう。

また、大会によっては、公式戦前の練習方法が異なります。合同で行うのか、別々で行うのか、しっかり確認しておくことが必要です。コートを使う時間が限られているのであれば、体育館の外や隅で少しでもボールを触るなど、チームがベストなパフォーマンスを発揮するための方法を選ぶことが大切。体のウォーミングアップはもちろんですが、心の準備も万全にしておきましょう。

試合後

ミーティングで話し合うべきこと

試合の勝敗が結果として出た後は、勝っても負けてもその結果を次につなげることが重要です。そのためには何をしたらいいのかということを、話し合っていかないと、次の結果につながらないでしょう。たとえ負けたとしても、マイナス面ばかり反省するのではなく、個々の力を修復できるような前向きなミーティングを行うのが理想です。

ミーティングを行うときは、全員が発言できるような雰囲気をつくることも大切。とくにリーダーは、発言に対して消極的になりやすいママさんバレーの経験が浅い人、自分のプレーに自信がない人を含め、全員の考えを引き出せるような環境を築いていきましょう。

第9章
Team

体のケア

練習・試合以外でのケアが大事

ママさんはいつも忙しいものです。練習が終わると、夕食の支度があるからといってストレッチもしないで帰る人も多いと思います。ウォーミングアップはしっかりしても、クールダウンはできないというケースもあるでしょう。

しかし、それでは練習でせっかくいい汗を流しても、かえって疲労がたまってしまうことがあります。そのペースで練習を続けていると、体のどこかを痛めたり、いつかバレーボールをやるのが嫌になってしまいます。

そうならないよう、練習や試合のあとはしっかりとストレッチをしておきましょう。どうしても練習の直後は時間がないという人は、家に帰ってからでかまいません。お風呂上がりなどの空いた時間に、ゆっくりと体をほぐしてください。

また、日頃から体幹を鍛えておくと、ケガをしにくくなり、プレーにもいい影響を及ぼします。定期的に腹筋や背筋をするのが理想ですが、なかなか継続するのは難しいもの。せめて「この週は筋トレをやってみよう」とチームの宿題として決めておき、筋力の維持に努めましょう。ボールを使って楽しくトレーニングをするのもひとつの方法です。

教える技術

選手が求めているもの

　ボールの出し方ひとつで、練習の効果は大きく変わります。その意味で指導者(コーチ)は、左上のようにいろいろな種類のボールを状況に応じて出す技術を身に付ける必要があります。自分が思ったところにボールを出せるようになるまで、P156の練習例のような訓練が必要です。

　選手のレベルを見極める目も大切です。レシーブ練習にしても、「この人は速いボールが受けられる」と思ったら速いボールを出す。あるいは「無理をするとケガをしそうだな」と思ったらゆっくり出してあげる。「この人の構えは腰が高いな」と思ったら、それを矯正できるような低めのボールを出さなければいけません。また、各選手にそうした差はありながらも、流れを途切らせないように同じリズムでボールを出し続けることも重要です。

　何よりも大切なのは、選手に求めているものが何なのか、あるいは選手に何をやらせたいのか。そ

ボール出しの種類

- 強弱（強いボールか、弱いボールか）
- スピード（速いボールか、遅いボールか）
- 角度（高い位置から出すボールか、低い位置から出すボールか）
- 質（ミートするボールか、チャンスボールか）
- 回転（無回転か、前回転か、逆回転か）

ボール出しを考える要素

- 選手の人数（マンツーマンでやるのか、2、3人でやるのか、チーム全員でやるのか）
- 選手のレベル（初心者か、中級者か、上級者か）
- 選手の目的（遊びか？　真剣か？　勝ちたいか？）
- 練習時間（練習に割ける時間、何セットできるのか？）
- 練習場所（練習スペース、周囲の状況を確認）

れがはっきりしていることです。また、それを選手にしっかりと伝えた上で、そのチーム、その選手に見合ったボールの出し方をしていきましょう。

選手の心と試合を想定する

　大会が近ければ、試合をイメージした練習も必要です。それを念頭に置いた上で、はじめは易しくボールを出し、徐々に難しいボールへと変えていく。「本当の試合ではこういうボールがくるよ」「試合ではもっといいサーブがくるかもしれないよ」「相手のエースはすごいからね」と言いながらやると、意識が高まり、より効果が得られるでしょう。

　サーブレシーブの練習をする場合も、ボールの出し方は重要です。特にサーブレシーブは、選手に自信を植えつけたいもの。試合の直前であれば、ボールに逆回転をかけてできるだけ気持ちよく受けさせて、徐々に距離を伸ばしていくのもひとつの手です。

　また、声の出し方も大切です。例えば、スパイクの練習をするとき、セッターが上げるトスの代わりに指導者がボールを投げて行うことがあります。特にクイックを打つときは、ボールを投げる人がタイミングを合わせてあげなければいけません。「もっと早く入って」「ちょっと待って」と声をかけながら行いましょう。

　その理由は、投げる人のほうが、ボールのスピー

ボール出しの主な練習方法

エンドライン際にボールを並べて、ネット際中央からボールに命中するように投げたり、ミートする。狙い通りの所に打てるか、意識する

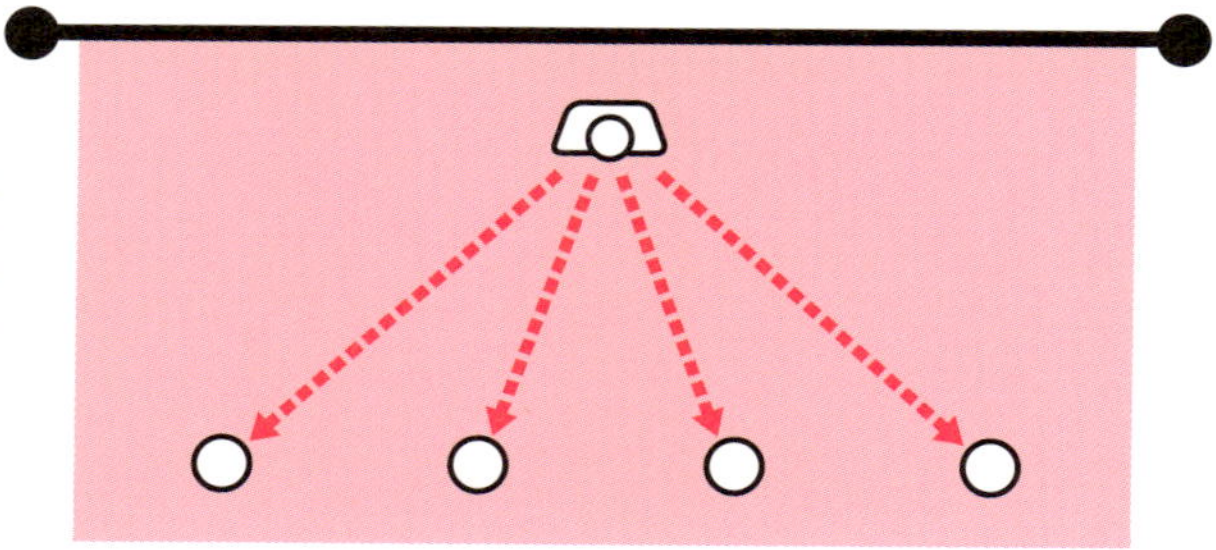

エンドライン際にボールを並べて、ネット際からストレートコースにあるボールに命中するように投げたり、ミートする。1球打ったら、横に移動していく。

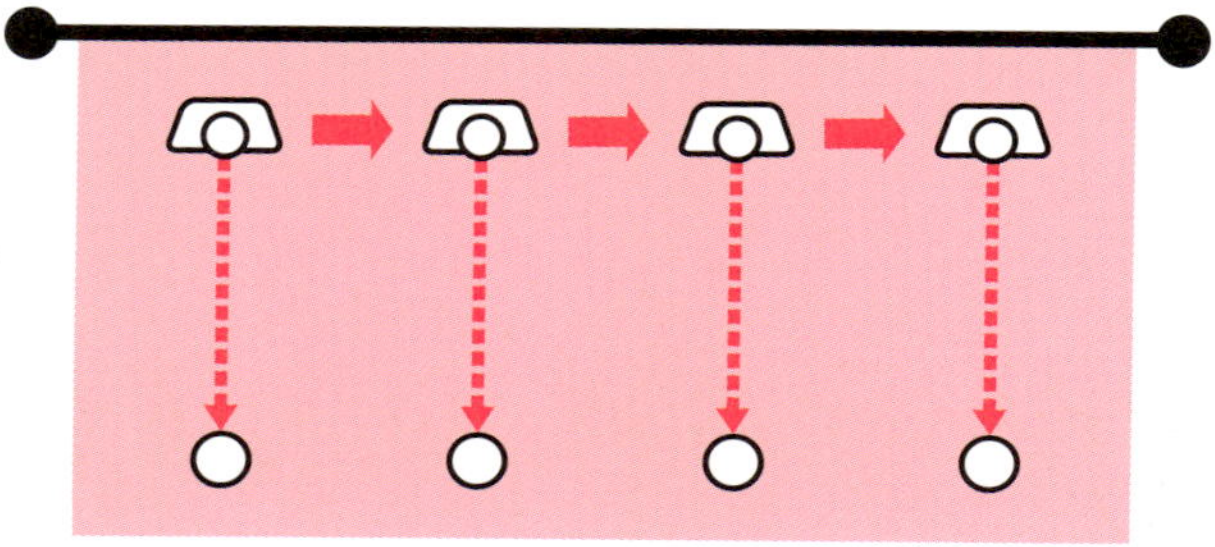

ドやタイミングがわかるから。それに合わせて声をかけ、選手の能力を引き出してあげましょう。決して黙って練習してはいけません。

失敗を繰り返して指導を学ぶ

実際に大会がはじまれば、予想もしなかったハプニングが起こることもあります。しかし、指導者はどんなときも柔軟に対応する冷静さが求められます。

例えば、試合の直前にボールを使った練習ができないこともあります。コートの設営や場所の関係で、ボールの使用に規制がかかっているケース。そんなときは、例えばタオルを結んでボールに見立て、それでレシーブの練習をする。これなら、ボールを使わなくても試合を想定したレシーブ練習ができます。また、コートが使えなくても、少し広めの廊下があればできます。

とはいえ、はじめから上手なボール出しができる指導者なんていません。誰もが失敗を繰り返し、そこから学んで成長していくものです。言い換えるなら、指導者は選手よりも努力が必要です。

しかし、それがバレーボールの醍醐味であり、スポーツの魅力。ぜひ皆さんも、失敗を恐れず、選手と一緒に成長していってください。

14
FIRST

コラム9

9人制バレーとの違い

競技性を活かした独自のルール

ママさんバレーにおける「一般社団法人全国ママさんバレーボール連盟」のルールは、「公益財団法人日本バレーボール協会」で定められている9人制バレーのルールと似ているようで、一部異なります。ここでは、ママさんバレー独自のルールをピックアップしましょう。

●プレーヤー交代

ママさんバレーはプレーヤー交代で入った選手は、替わった選手だけでなく、どのプレーヤーと交代してもかまいません。9人制バレーは、交代を要求したプレーヤー同士が交代しその数は1回のみと定められています。

●ブロック後のプレー

ブロッカーがボールにワンタッチした後、ママさんバレーでは同じプレーヤーがさわるとドリブルになります。9人制バレーではブロック後、同じプレーヤーがボールに接触しても反則ではありません。

●コートに入る者はすべて女性

ママさんバレーは、男子禁制です。プレーヤー、監督、スタッフ、審判、線審、記録等、すべて女性で構成されます。9人制の女子は、そういったルールはありません。

●ボールは「白球」を使用する

「一般社団法人全国ママさんバレーボール連盟」が主催する大会の使用球の色は、「白」と定められています。全国各地のブロック大会、都道府県大会でも「白球」を使用しています。ただし、他主催の大会では、カラーボールを使用する大会も存在します。

10

Warming Up
& Training

第 10 章

ウォーミングアップ＆トレーニング

ウォーミングアップ&トレーニング

肩甲骨

バレーボールを行う上で最も使う関節が、上半身でいうと肩甲骨、下半身でいうと股関節です。ウォーミングアップのときに意識してほしいのが、肩甲骨と股関節の周りの筋肉です。腕の根元、太腿の付け根を大きく動かす意識で、伸ばしていきましょう。

股関節

ストレッチは動きながら筋肉を伸ばす

筋肉が温まっていない時点で急に激しい運動を行うと、筋肉への負担がかかり、ケガにつながります。練習時間が限られている中でも、ウォーミングアップでは心拍数を上げて血流を良くし、筋肉を温めることが大切です。

短時間で効果的なのは、関節を伸ばしていく静的ストレッチよりも、動きながら筋肉や関節を伸ばす動的ストレッチ(ダイナミックストレッチ)です。

歩きながら腕を伸ばし太腿の裏を伸ばす、スキップしながら大きく腕を振るなど、動きながら反動をつけて腕や足を伸ばすのがポイント。スキップは縦のスキップだけではなく、横のスキップを入れて、複雑な動きの中で足や腕を伸ばす動作を繰り返しましょう。

エンドラインからセンターラインまでの間を往復するなど距離を決めて、チーム全員で行うと効率的です。

体を動かした後は、筋肉が収縮しているため、しっかり伸ばさないと疲労が溜まってしまいます。静的ストレッチで筋肉を伸ばしましょう。

股関節と体幹を伸ばす

歩きながら行います。1歩踏み出すごとにヒザを90°に曲げてお尻を落としましょう。その際、手を組んだ状態で背筋を伸ばして体を左右に倒します。脇の下と太腿を伸ばしましょう。

上記の応用です。組んだ手を左右、水平に伸ばします。太腿の付け根と肩の根元がしっかり伸びるように意識しましょう。

股関節を伸ばす

1歩踏み出したら足を揃えて、片足の太腿を上げます。上げた太腿を左右に開きます。体がよろけないように注意して、まっすぐ立ちましょう。

太腿・ふくらはぎを伸ばす

上記と同じように歩きながら1歩踏み出すたびに、足をまっすぐ上げます。指先でつま先をタッチできるように、足をしっかり上げましょう。

正確に
リズムを刻む

エンドラインからセンターラインまで、スキップしてみましょう。床についたつま先で正確にリズムを刻み、もう一方の足は太腿を上げます。縦のワンスキップだけではなく、ツースキップや横方向へのスキップも行いましょう。

柔軟性を
身に付ける

1歩踏み出すごとに足をそろえます。手が床につくように正面、左右に前屈します。もうひとつのパターンとしてカカトを上げてタッチします。体が硬い人は、歩く反動を利用してできるだけ体を前に倒しましょう。

腕を大きくまわす

横方向に進みながら、腕を顔の前で交差し、振り上げてまわします。腕は肩の根元から動かし、逆回転も行いましょう。体全体を温めていく意識を持つと心拍数が上がっていきます。

空中でお尻を振る

スパイクの助走フォームをイメージしてジャンプします。空中の頂点にきたら、お尻を左右に振りながら、着地します。ヘソを中心にお腹を固めると、スムーズにお尻を動かすことができます。

ボールを使ったトレーニング

オーバーハンドパスの手の形を意識する

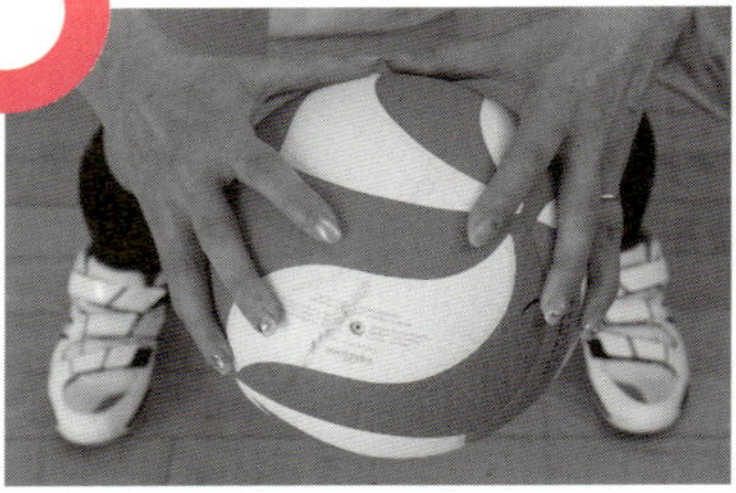

第一関節まで接触するように

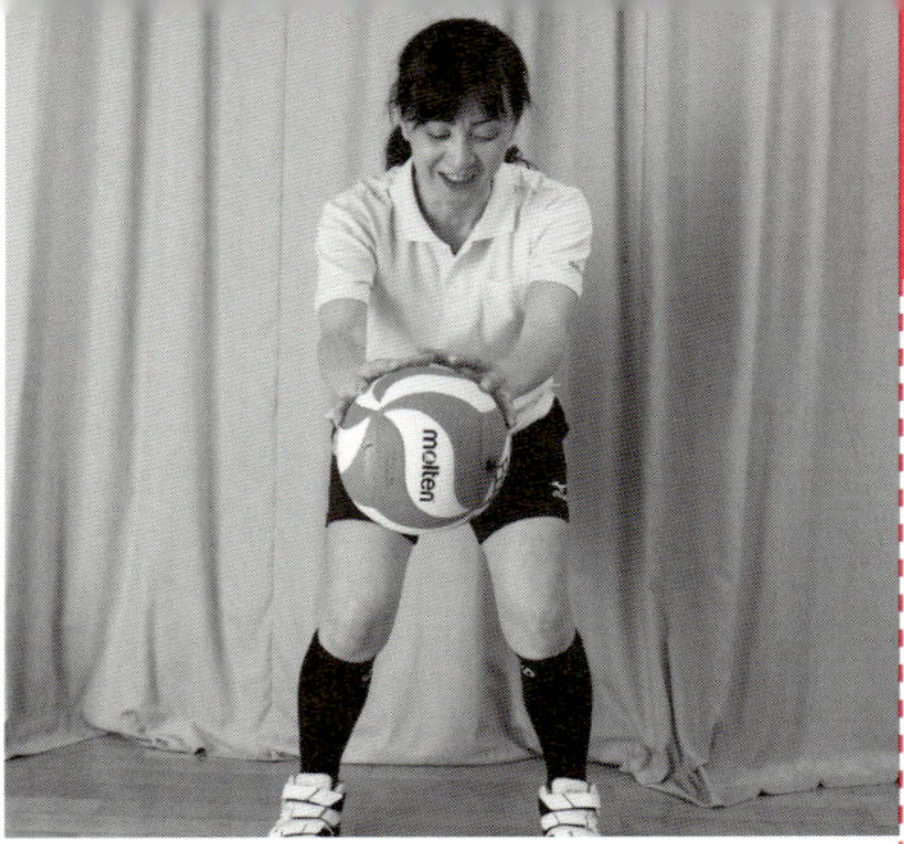

指先がばらつくと力が伝わらない

動きながらドリブル

ヒザを曲げて低姿勢の状態で前に進みながら、両手でボールを床につきドリブルをします。ボールと指の感覚を養う練習も兼ねています。このとき、指がばらつかないように、ボール全体をとらえられるようにしましょう。動きながら正確にドリブルするには、お腹に力を入れて体幹を固めること。慣れてきたら後ろに下がりながら両手でドリブル、前方に進みながら片手でドリブル、後方に下がりながら片手ドリブルを行いましょう。

遊びながら体を鍛える

バレーボールの技術の土台となるのは、体の柔軟性や筋力です。中でも体の基本となるのが体幹です。体幹は読んで字のごとく、体の幹となる腹筋や背筋を指します。安定したプレーを維持するためにも、日頃から体幹を鍛えるトレーニングを取り入れましょう。

体幹トレーニングは見た目の動きは地味ですが、負荷がかかるため、1人でやるにはなかなか自己管理が難しいもの。自宅でやるにしても、ついつい敬遠しがちになり、腰が重くなるのではないでしょうか。

しかし、そういうトレーニングメニューこそ、仲間同士で取り組むことで意識も高まっていくはずです。一般的な腹筋や背筋などのトレーニングは、一般書にも掲載されているので、ここではバレーボールを使ったトレーニングを紹介します。仲間や家族とゲーム感覚で競い、遊びながら、楽しく取り組んでいきましょう。筋力の維持は、毎日の積み重ねが大事。継続できる方法を模索していきましょう。

低姿勢で ボールを転がす

レシーブの姿勢をイメージして低姿勢をつくります。ボールを股下の位置で正面に転がしながら、前方に進みましょう。このとき、ボールの下にしっかり手を入れて、ボールから手を離さないように注意します。ヒザに重心をかけるのではなく、体幹で体全体を支える意識で動くのがポイントです。

下半身の力を 使ってジャンプ

ボールを股下に挟みます。ボールを落とさないようにして、腕を振り上げます。スパイクジャンプをイメージして垂直にジャンプ。お腹と太腿の後ろに力を入れて高く跳びましょう。

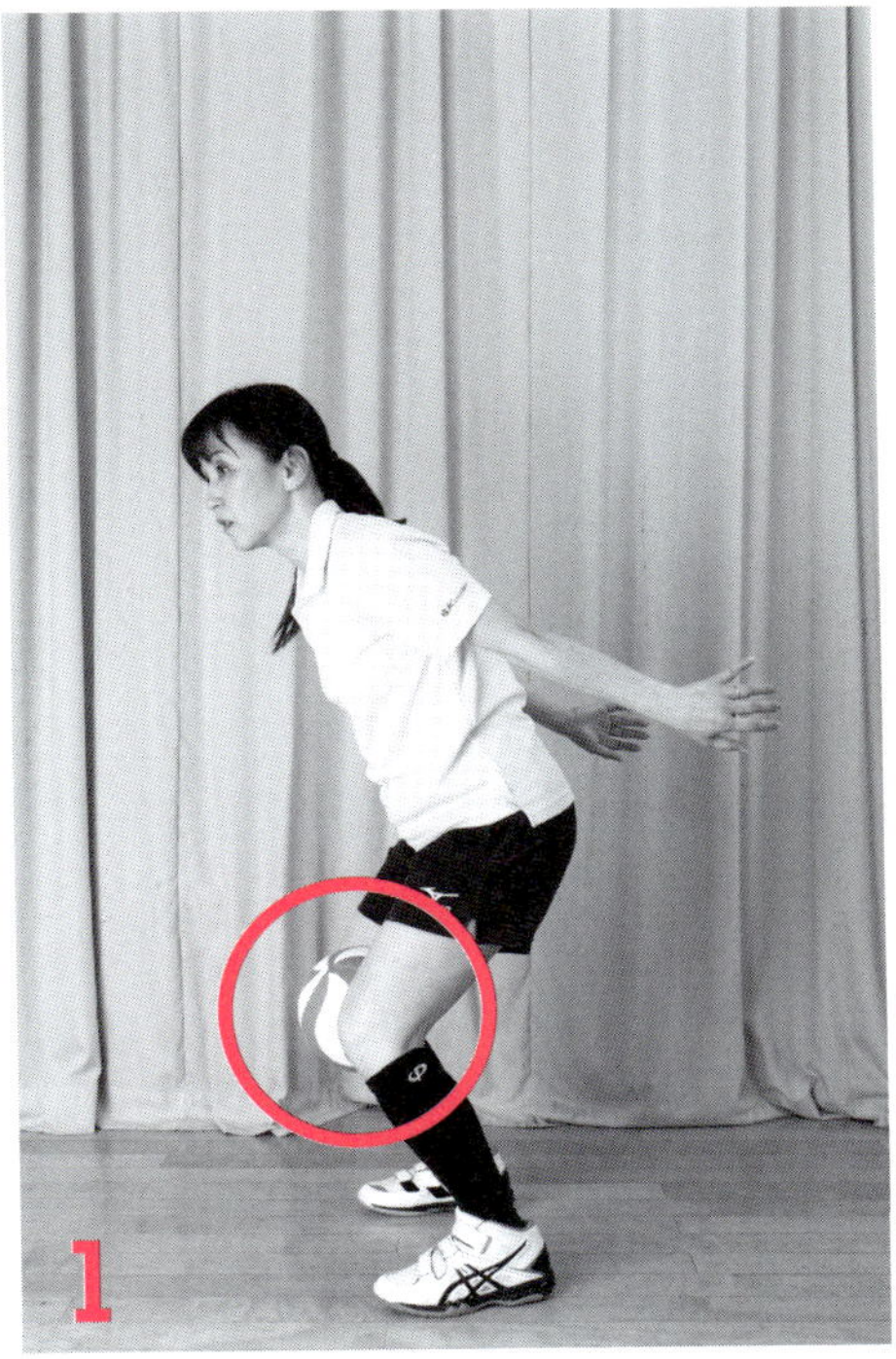

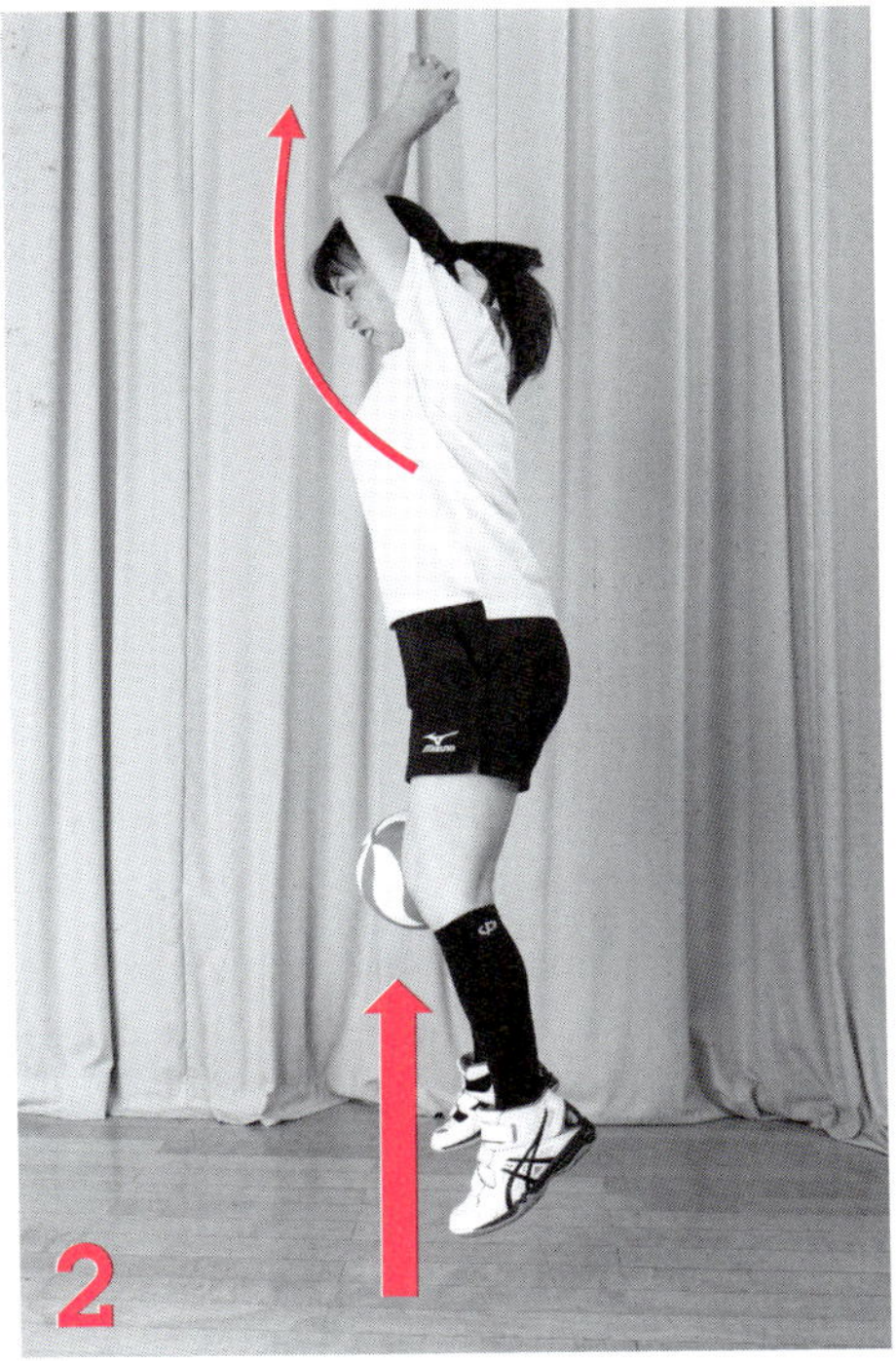

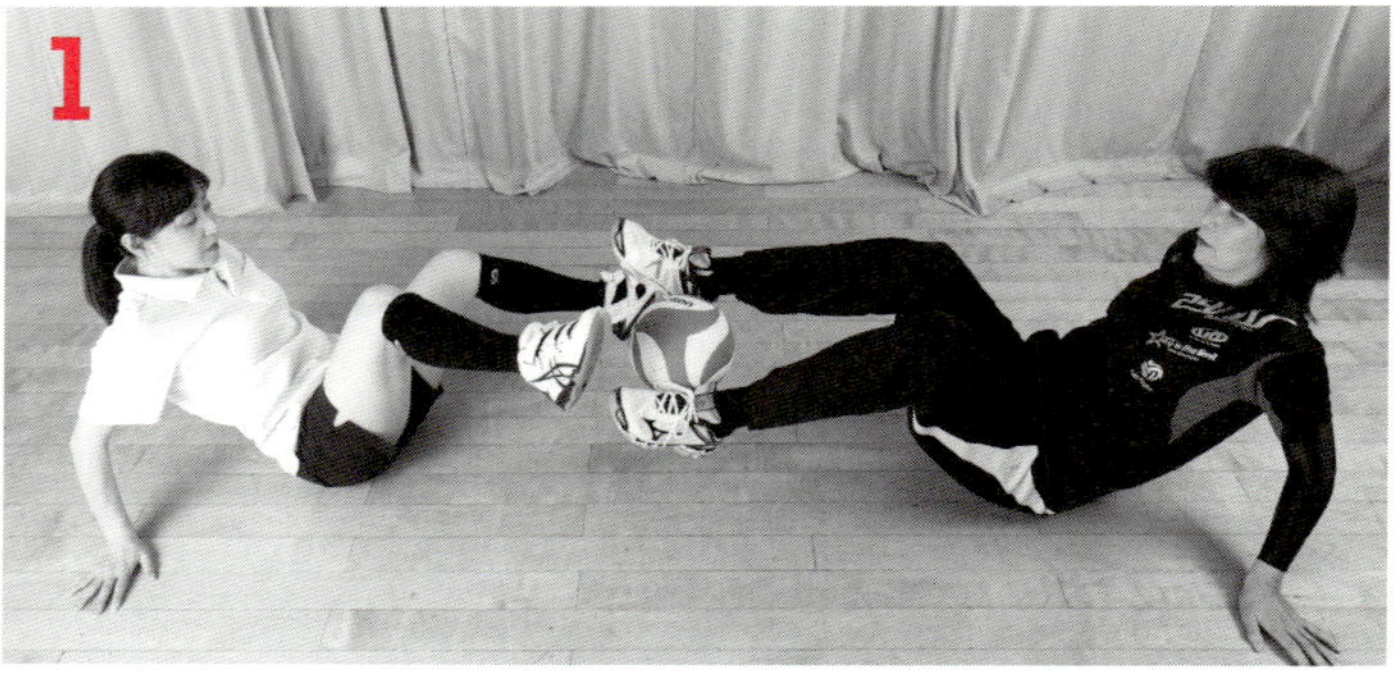

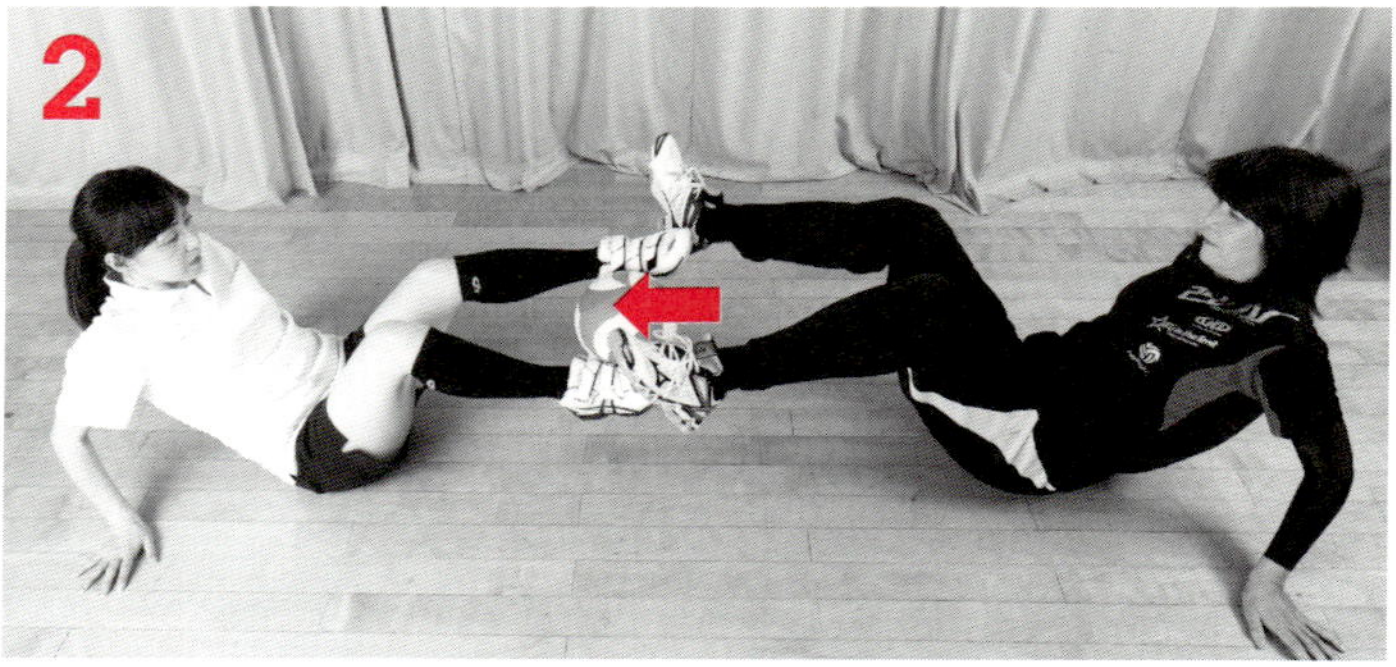

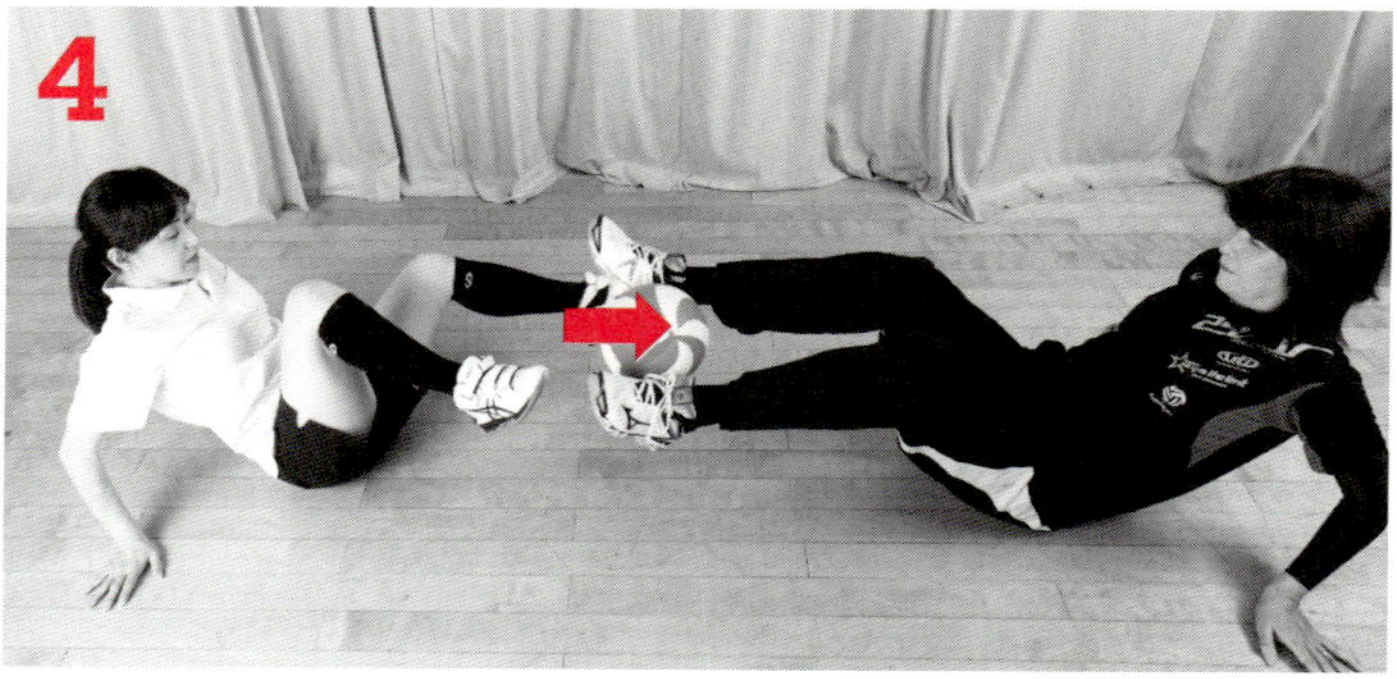

腹筋を鍛える

床に座って2人組で向き合います。軽くヒザを曲げ、足を伸ばした状態で、1人が足でボールを挟みます。パートナーは、そのボールを足で挟むようにとりにいきます。足と足がぶつからないように、体のひねりを使いながらボールを渡し合いするイメージで10回続けましょう。

足先で ボールをつく

このトレーニングも体幹全体を使うメニューです。2人組になり、1人が寝転んだ人の足に向かって、できるだけ近い距離からボールを投げます。そのボールの落下点を確認し、足の先でボールにタッチしレシーブします。連続で10回1セット行いましょう。

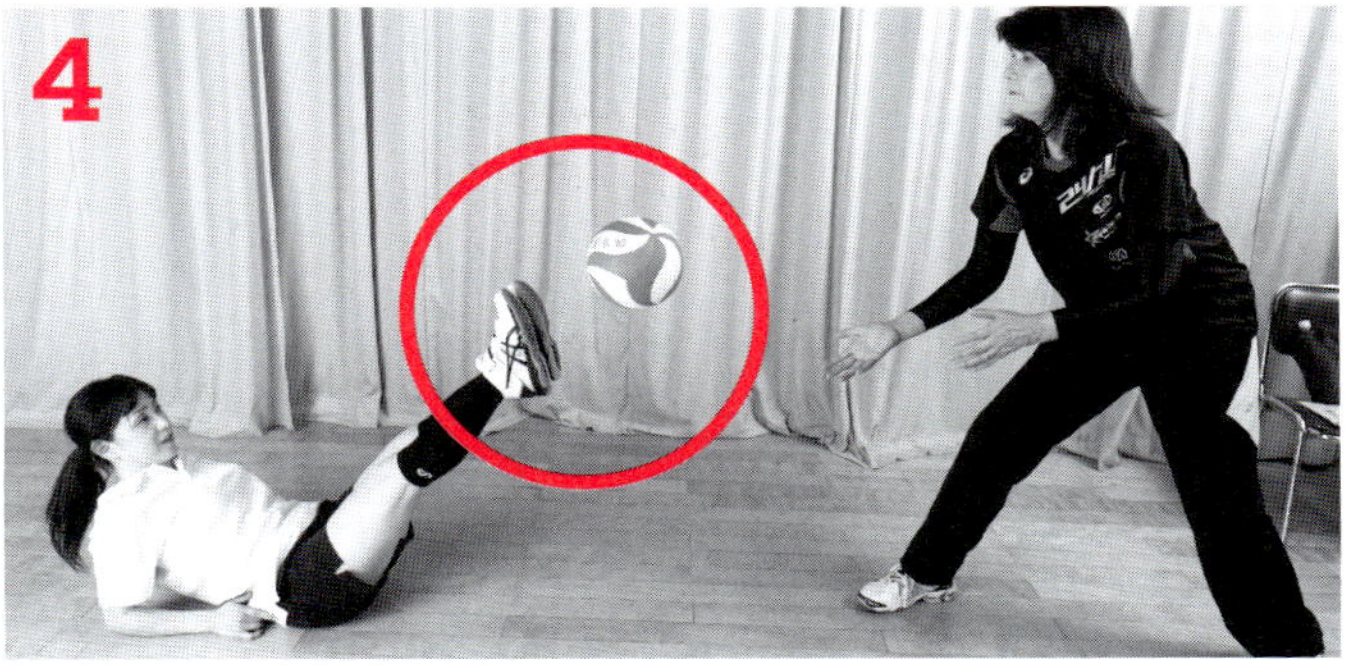

神経系を使うトレーニング

バランス力を高める

2人組で向かい合います。1人がレシーブの姿勢でボールを持って構えます。相手が投げたボールを、床に落とさないように自分の持っているボールの上にのせます。ボールをどの位置でとらえるか目で認識し、腕でコントロールできるようになりましょう。

神経回路の機能が技術力アップの秘訣

体の柔軟性、筋力をリズミカルにバランスよく動かすためには、各部に指令を出す神経回路を発達させることが必要です。目や耳から入ってきた情報を脳が処理して、運動につなげる神経を「コーディネーション能力」と呼びます。リズム、バランス能力の他に反応、識別、変換などの能力が組み合わさり、これらの能力を鍛えるトレーニングを「コーディネーショントレーニング」といいます。

バレーボールにおいても、味方のボールをつなぐとき、相手のボールに反応しなければいけないときなど、コーディネーション能力は多くの場面で必要になってきます。

例えば、ボールの下に移動するときはすばやい判断力が求められ、ボールをつなぐときは、周辺視野を広く保ち、ボールの距離や高さを認知しなければなりません。神経回路を機能させ、コーディネーション能力を養うことは、バレーボールの技術力アップにつながるといっても過言ではないでしょう。

守備力アップやボールコントロールの正確性も高まりますので、頭を働かせてトレーニングに取り組むことが大切です。体を動かすものは心拍数も上がるので、ウォーミングアップの際に取り入れるといいでしょう。

視野を広く保つ

2人組で向かい合います。1人がボールを両手に持って構え、どちらかのボールを下に落とします。ボールを持っていない人は、どちらのボールが落ちるのか判断し、ボールを落とさないようにキャッチします。瞬時に判断できるようになりましょう。

相手のことを視野に入れて動く

2つのことを同時に行うトレーニング。2人組で片方の手をつないで、向き合います。低姿勢の状態をキープし、2人ともにヒザをさわりにいきながら、相手にさわられないように動きます。相手のことも視野に入れながら、自分自身の体を動かせるように意識しましょう。

ボールをコントロールしながら動く

自分の直上にボールを投げながら、相手が直上に投げたボールをキャッチしにいくトレーニング。2人組で向き合い、最初は2mくらいの距離からはじめます。慣れてきたら、少しずつ距離を離し、難易度を上げていきます。距離によってボールの高さを調整する力を身に付けましょう。

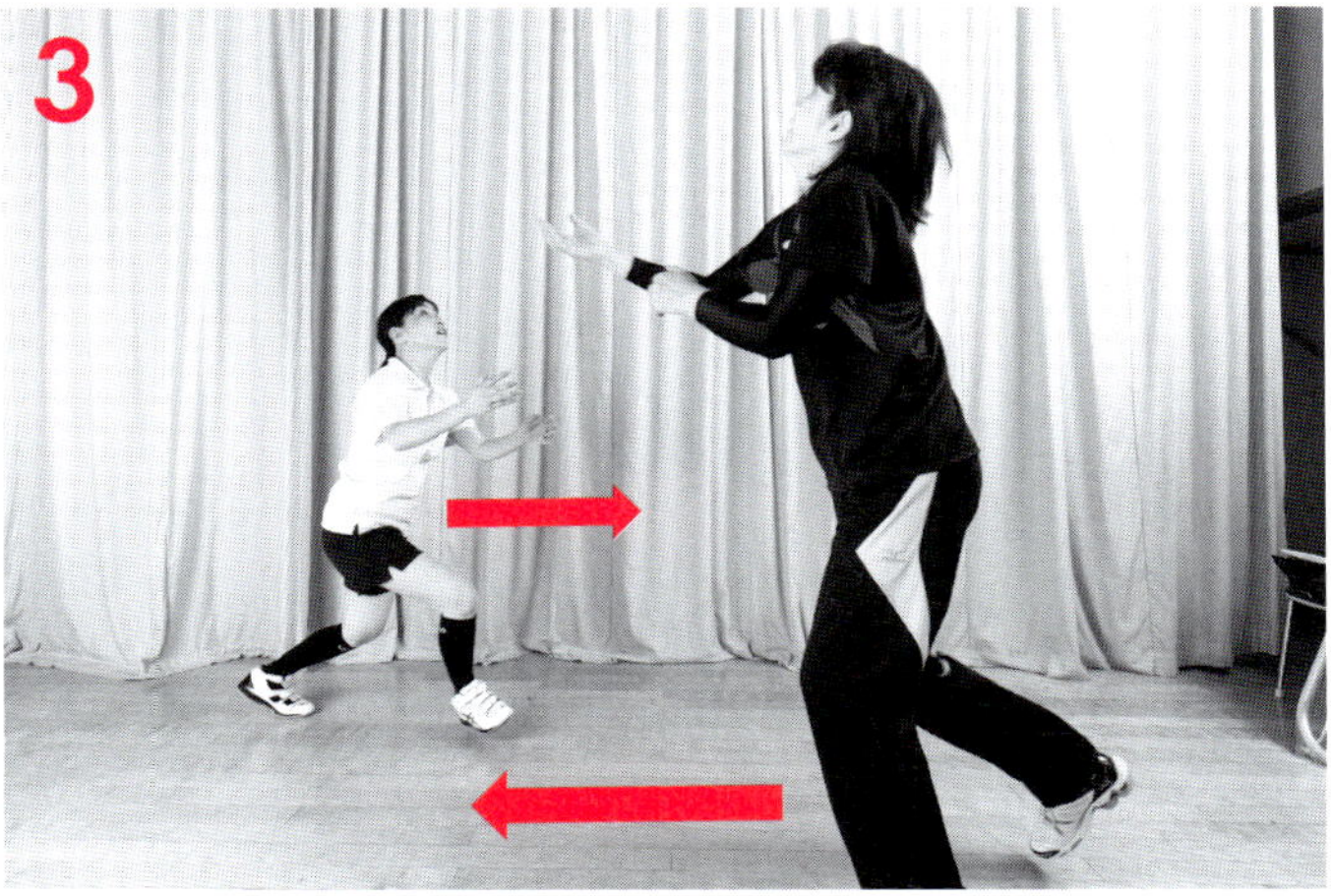

コラム⑩

ママさんバレーの未来

世界でも類を見ない生涯スポーツ

　高度成長期とともに専業主婦を中心に発展してきたママさんバレーですが、近年では競技人口および登録チーム数は減少傾向にあります。その理由は、社会における女性進出もさることながら、女性の就業率が上がり、結婚・出産しても働ける環境も整ってきたことが背景にあると言われています。世の中の多様化が進み、家事・育児、そして仕事というサイクルの中で、自分の時間を見出せないママさんたちも存在しているのです。

　ママさんバレー、いわゆる９人制バレーは、世界でも類を見ない生涯スポーツです。体を酷使して走らなくても楽しめるスポーツであり、激しいコンタクトもありません。コートの中にいれば、いくつになってもバレーボールを楽しむことができる。まさに、日本スポーツの財産です。今後ママさんバレーはその財産を引き継いでいくために、様々な立場にいる女性がいくつになってもバレーボールを楽しめるような世界へと変わっていくことを望みます。

第11章

ルール

Rule

11

コートと用具

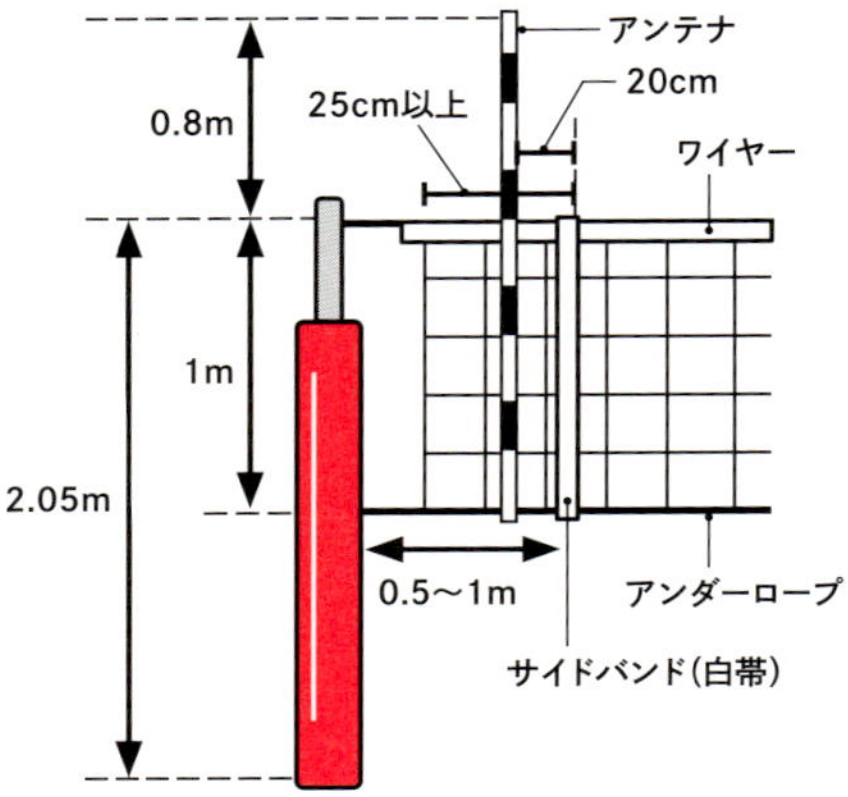

ネットの高さ

中央で計測される規定は床面からネット上白帯の上端まで2m5cmであること。両サイドライン上で計測される、高さの規定は両端同じ高さで2m7cmを越えてはいけません。

アンテナとサイドバンド

ネット両サイドには、長さ180cm直径1cmの棒状のアンテナを、サイドバンドの外側から20cm離して取り付けます。サイドバンドは白色の5cm巾を持つ長さ約2mのバンドで、サイドライン真上のネットに振り分けて垂直に付けられます。

コートのサイズ

9m×18mのコートをネットで二分し、ひとつのコートが9m×9mの正方形になります。６人制と異なり、フリーポジション制のため、アタックラインはありません。サイドラインの外側は最小限3m、エンドラインの後方は最小限5mのフリーゾーンが必要です。

ボール

ボールの色は白、または明るい複数色で組み合わさったものを使用します。ボールの円周は63cm±1cm、ボールの重量は250ｇ±10ｇ、ボールの内気圧は0.30kg/㎠+-0.01kg/㎠と決められています。

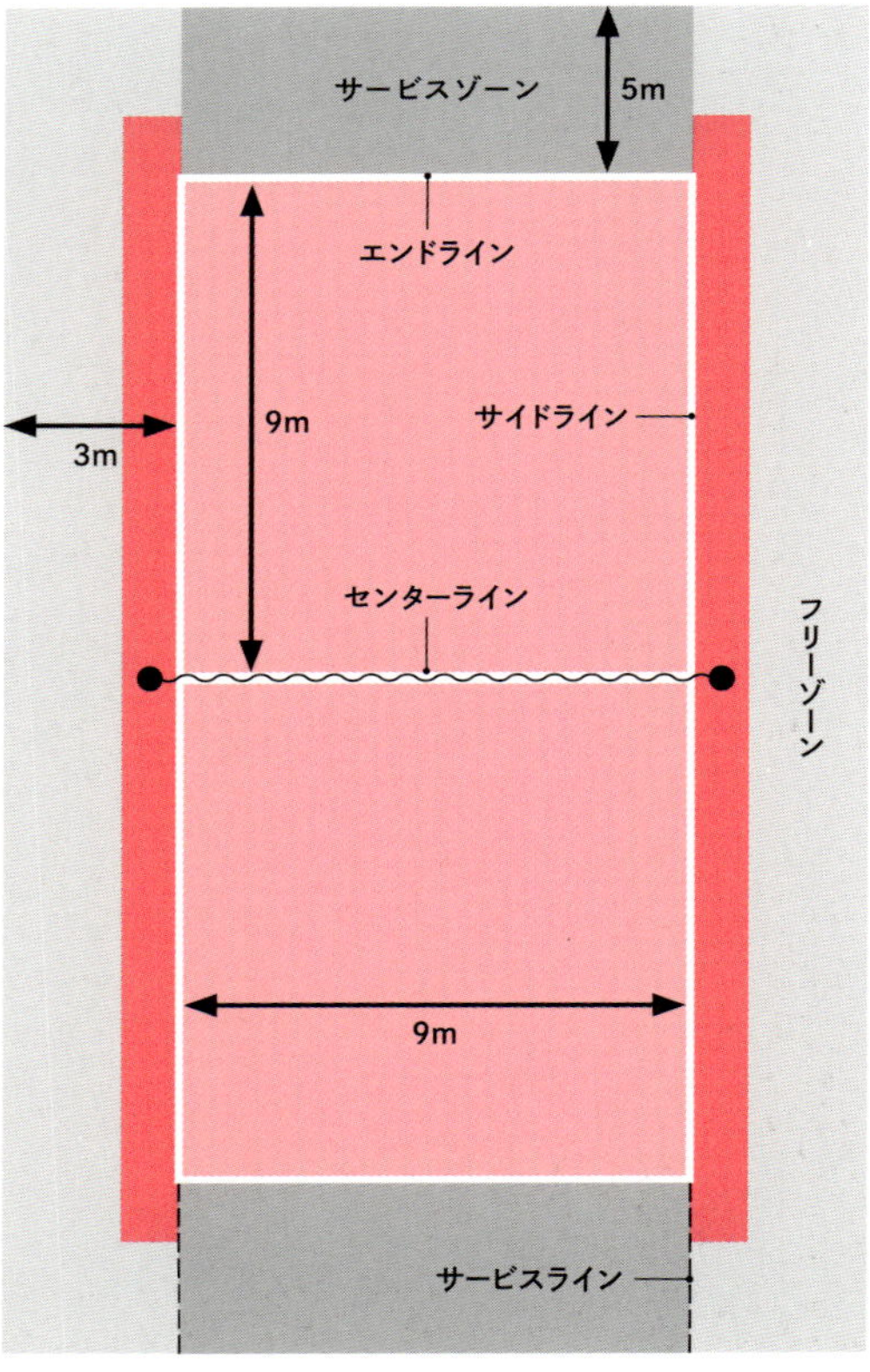

試合に出る準備

チーム構成

各大会に有効に出場登録されたチーム役員とプレーヤーで構成されたチームであること。9名～12名のプレーヤーと3名以内のチーム役員（監督、副監督、マネージャー）の最小9名から最大15名が可能。チームはプレーヤーの１人をキャプテンに指名します。

会場の環境

コート全域でフロア上1mの位置が最小限1,000ルクスの明るさを目安とします。また、室内の気温は、コート中央のフロア上、1mの高さにおいて、最低気温が14℃を下回らず、最高気温が30℃＋湿度75％を上回らないプレー環境が求められます。

審判員

ゲームは主審1名、副審1名、記録員1名、線審員4名または2名、点示員2名または4名、必要となります。主審は、コート中央に張られるネットの支柱の片方側に置かれた主審台に立ちます。目の位置がネット上端から約50cmの高さになるように調整します。

ユニフォーム

プレーヤーの服装は、ジャージ・シャツ、ショートパンツが全員同じもので、ジャージ・シャツの胸と背中の中央には、1から50までの番号をつけます。番号の色はジャージの色と明るさに対照的と決められています。プレーヤー番号の大きさは、少なくとも幅2cmで高さ15cmを胸に、20cmを背につけます。キャプテンのジャージには、幅2cm横長8cmのマークを胸番号の上方につけます。

試合の進め方

ゲームの進行

それぞれのチームコートに9人のプレーヤーが入り、3回のプレーで相手チームとボールを打ち合う競技です。ボールがネットの上を行ったり来たりすることをラリーと呼びます。ラリーはサーブではじまり、ボールが床面に落ちたり周囲の物体に触れたりすると、得点が入ります。

監督

記録席に最も近いチーム・ベンチで、自チームの指揮をとることができます。ゲーム開始直前には、署名したサービスオーダーを副審または記録員に提出します。ゲーム中断時に、プレーヤー交代とタイム・アウトの要求が可能ですが、その際は副審に対して立ってシグナルで要求をします。前セット終了後のセット間にプレーヤー交代を要求する場合、コートから退出のプレーヤー番号とコートに入るプレーヤー番号を、副審または記録員に申し出ます。

副監督及びマネージャー

ゲームを通してチーム・ベンチで、チームプレーや個々のプレーヤーに指示したり、激励することはできますが、ゲーム運営を妨げたり、介入することはできません。 万一、監督がゲームで不在になるときは、キャプテンが主審に申告して、副監督または、キャプテンを監督の代行にすることができます。

キャプテン

ゲーム前には、主審の指示で最初のサービス権かコートを決めるためのジャンケンを行います。キャプテンがプレーヤー交代でコートを退く場合は、代行キャプテンを指名します。

得点

チームがゲーム中に1得点を記録するのは、次のときです。ボールがコートに落ちたとき、ボールがプレーヤーに触れた後、コート外のフロア、アンテナやコート外の物体、天井に接触したとき、プレーヤーが反則したとき、プレーを失敗したときです。プレーヤーの反則が短い時間に複数重なった場合は、最初に起きた反則1つだけがカウントされます。

サーブの順番

ゲーム中、コート上のプレーヤーは常に9名で、ポジションを制限されることなくプレーできます。ゲーム前に提出したオーダーに従ってサーブを打ちます。第2、第3セットの最初のサーブは、前のセットの最後のラリー時にレシーブチームであったチームからはじめます。

ボールイン・アウト

ボールがラインを含むコートに触れたとき、ボールは“イン”となります。また、コートラインの完全外側床面に触れたとき、ボールがコート外の天井、壁、照明器具等の物体やそのゲームのプレーヤーでない人物に触れたとき、ボールが、アンテナ、アンテナ外側のネット、ネットワイヤー、支柱、審判台に触れたとき、ラリー中のボールが、ネットの下部空間を完全に通過したときは、ボールは“アウト”になります。

ボールヒット

ボールプレーは、プレーヤーのシューズや頭部などプレーヤーのどの部位においても、同時にボールヒットすれば可能です。

タイムアウト

各セットに1回30秒間のタイムアウトを2回まで要求できます。

セット間

セットの間には、2分間の休息をとります。この間プレーヤーは、ベンチで待機またはエンドライン後方で、自チームのボールを用いてウォーミングアップすることができます。

チェンジコート

両チームは第1セットを終了した後、直ちに主審の指示でコートを交替します。第2セット終了時にセット・カウントが1対1の場合、第3セットにおいてリードするチームが11点に達したとき、直ちに両チームは主審の指示でコートを交替します。

プレーヤー交代

各セットに最大3回のプレーヤー交代を要求できます。 セット間にプレーヤー交代を要求する場合、制限回数には含まれません。プレーヤーの交代はベンチ前の支柱に近いサイドラインで副審の指示により行われます。プレーヤーが負傷してプレーを継続できない場合、プレーヤー交代の規定回数、組数を使い切っても、特例としてプレーヤー交代ができます。

ゲームの勝利

1セット21点となるセットを2セット、勝利したチームが勝者となります。セットカウント1対1では、3セットを勝利したチームが勝者となります。20対20の場合は、どちらかが2点をリードするまでラリーは続けられます。

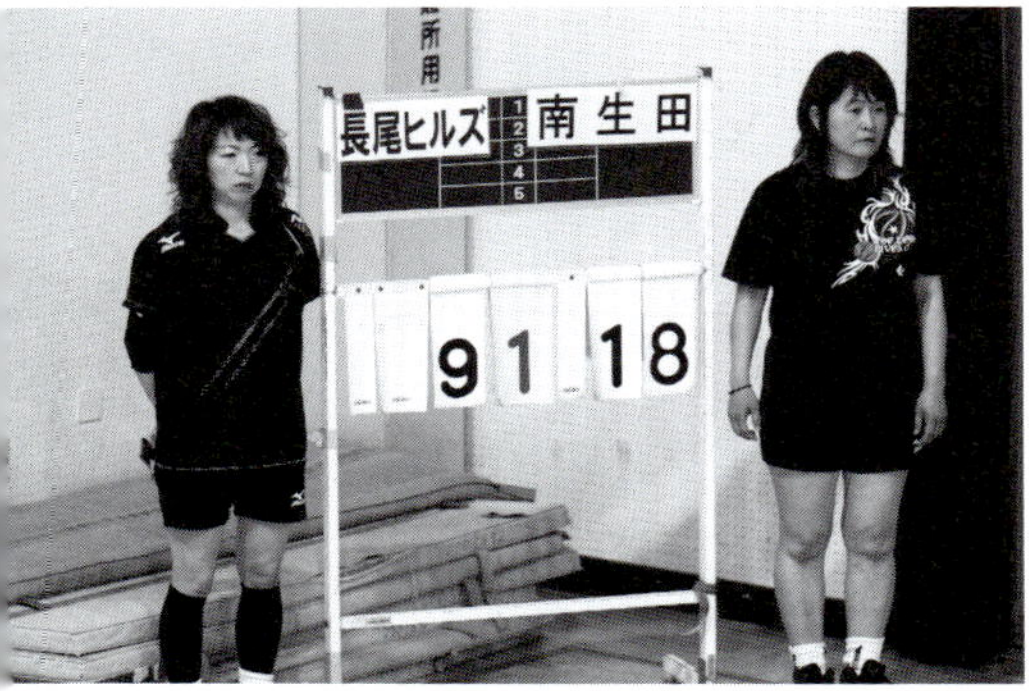

ゲームの没収

競技会運営者またはゲーム運営の主審の指示に従わず拒否するチームは、ゲーム参加の権利を剥奪され、全セット得点0として記録されます。正当と認められる理由や手続きもなく、ゲーム開始時に最小限9名のプレーヤーがコートにいない場合、このゲームは没収の手続きがとられ全セット0として記録されます。ゲーム中、プレーヤーの負傷、事故、その他によりプレーヤーが規定の9名を満たさないときは、そのセットを失います。得点は有効に残され、相手チームへセットを獲得する得点が入ります。

反則となるプレー

ブロッキング

プレーヤーがブロッキング中の相手チームの空間にあるボールまたは相手チームのプレーヤーに接触すると、オーバーネットの反則となります。プレイヤーはボールに触れていないときやボールを相手コートに送ったプレー後、または相手プレーヤーのボールをブロックした後に、プレーした手や腕がネットを越えても反則にはなりません。

サーブ

サーブは、1本目で失敗しても、2本目を打つことができます。2本目に失敗した場合は、相手チームに得点が入り、相手チームにサーブ権が移ります。サービスゾーン外でのヒットは反則となります。また、トスしたときにボールを打たないと失敗とみなされます。チーム内でサーブを打つ順番を間違えたときは、相手チームに1点が入り、相手チームにサーブ権が移ります。

インターフェア

プレーヤーの全身がコート内に侵入したり、相手チームの空間（ネット下部）で相手プレーヤーのボールプレーを妨害した場合は反則となります。

タッチネット

プレーヤーがラリー中にネットやアンテナに接触することは反則となります。プレーヤーがボールヒットの際、アンテナ外側のネットロープ、支柱、審判台に触れてもプレーを補助する状況でなければ反則にはなりません。

補助されたボールプレー

ボールをヒットするために、支柱や審判台の利用、他のプレーヤーの手助けでボールをヒットするのは反則になります。

ボールプレー

相手コートに送るボールは、ネット上方のマーカー内（想像延長上方内側）、横断空間を通過しないと反則になります。

ホールディング

ボールを掴んだり、押し込んだり、投げる行為やボールが身体部位で止まるプレーは反則です。

ドリブル

プレーヤーは1度ボールヒットした後、連続して2度目のボールヒットをすると反則となります。ただし、ボールがネットにかかった後は、連続2度の接触は可能。ボールのネット接触をはさんだとしても、一人のプレーヤーが連続して3度のボールヒットは反則となります。

オーバータイムス

ボールはコート内で3度ヒットすることができますが、ボールをネットにかけたプレーが含まれるときは、ボールを最大4度ヒットすることができます。この度数を超えると反則になります。

審判員のシグナル

ゲームを進行する際は、コート内で生じたプレー、反則に対して、主審はハンドシグナルで表現していきます。シグナルは、誰もが一目でわかるように正確に行っていきましょう。

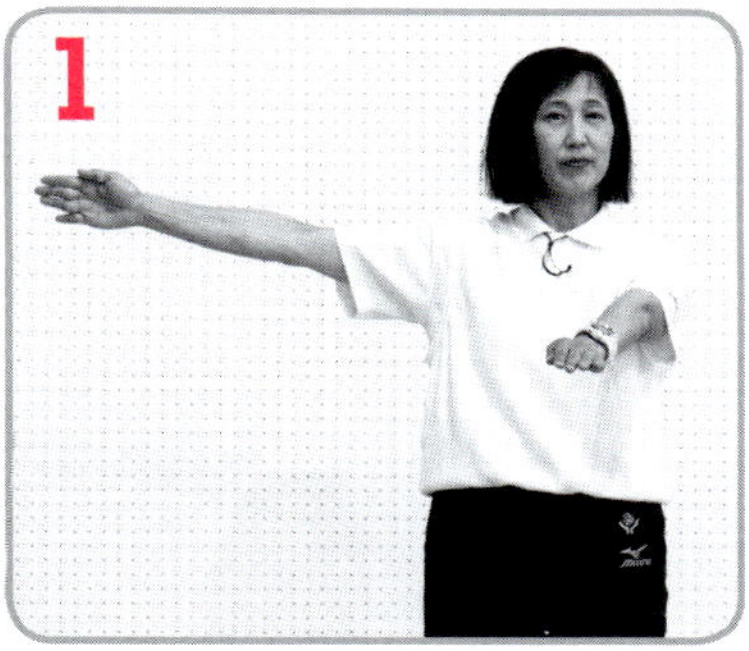

サーブの許可

サーブを打つプレーヤー側に腕を伸ばし、
その後手のひらを相手チーム側に流します

第1サービスの失敗

サービスチーム側の人差し指を立て、
サービスプレーヤーに示します

ポイントが入ったとき

得点したチーム側に
腕を上げる

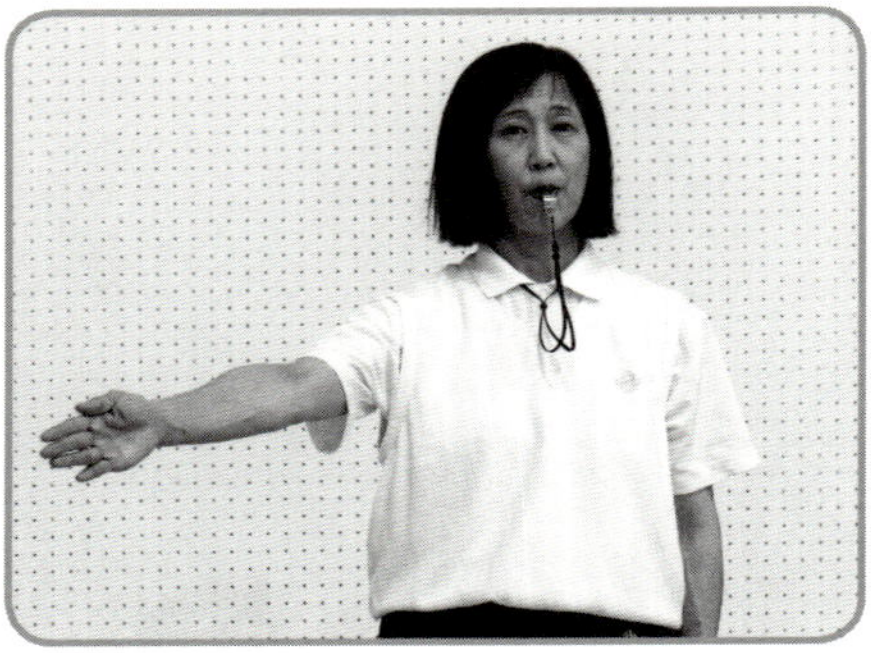

ボールイン

ボールが落下したチームの
コート中央を指します

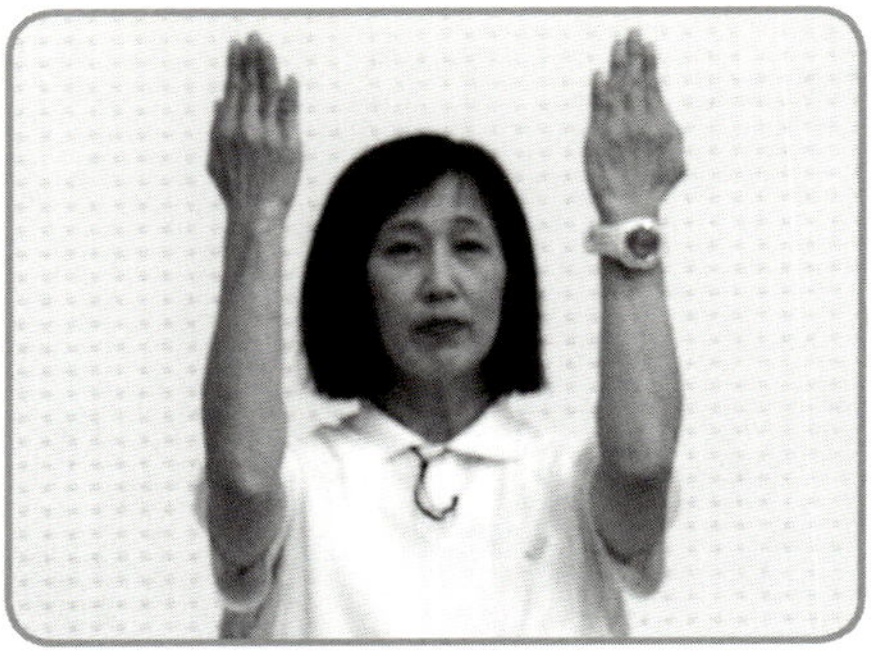

ボールアウト

両手のひらを開いて
自身に向けます

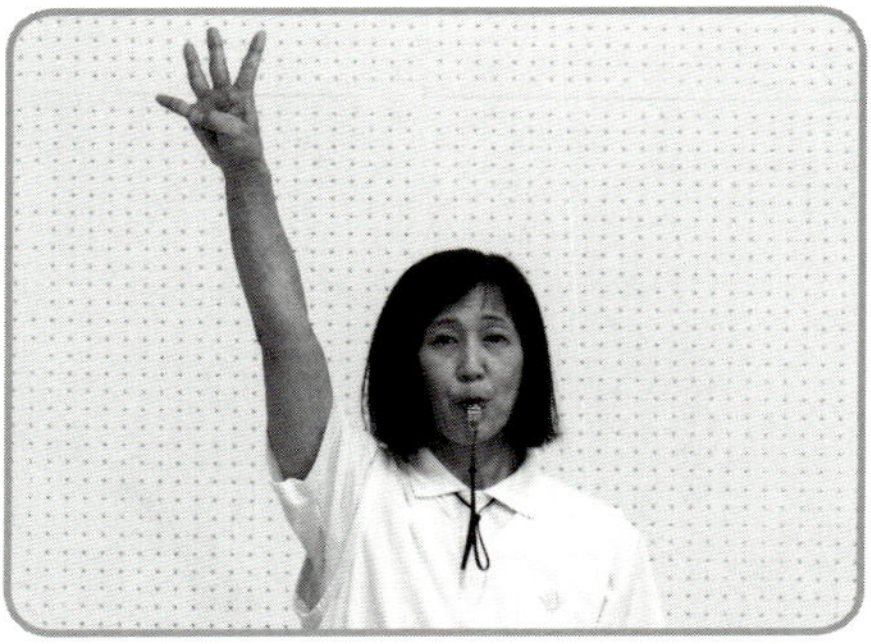

オーバータイム

反則チーム側の
指4本を立て示します

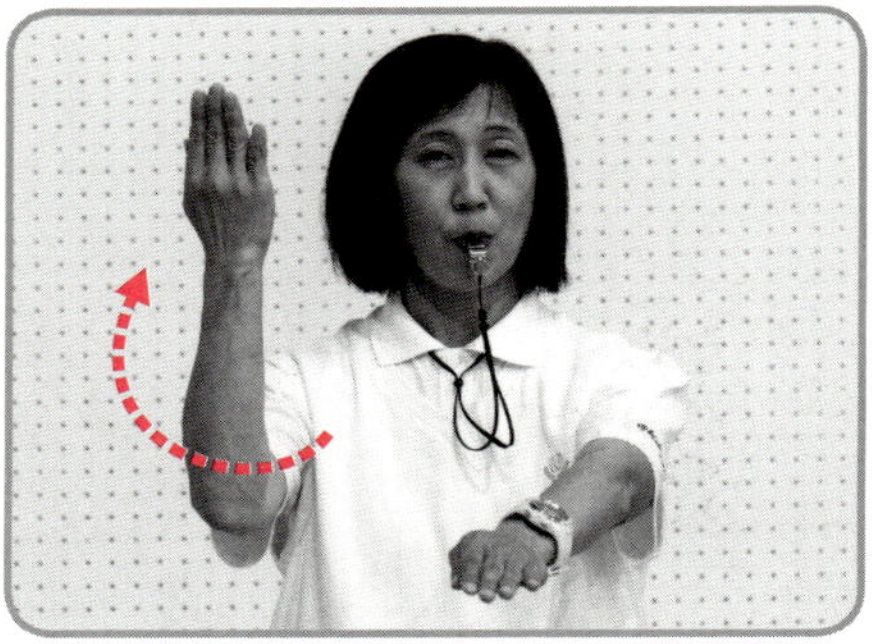

ホールディング

反則チーム側の腕を斜めに出し、
前腕をゆっくり持ち上げます

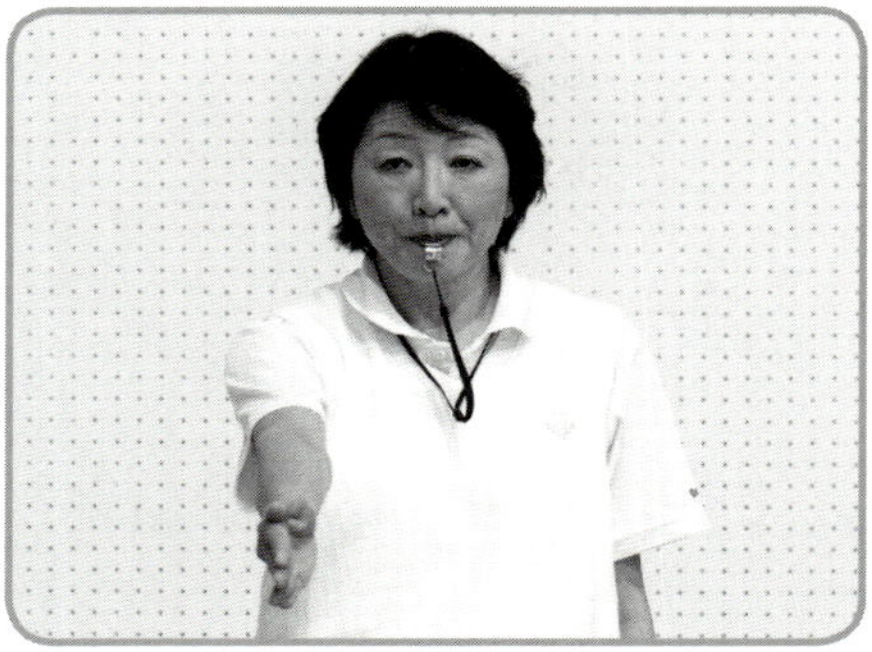

タッチネット

反則や失敗したチーム側のネット上端を
手のひらでたたきます

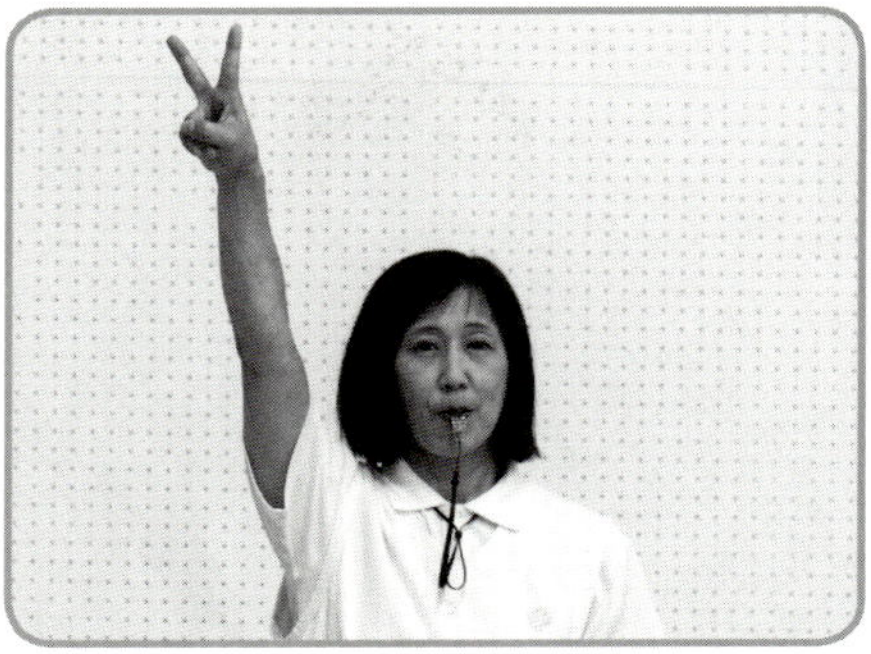

ドリブル

反則チーム側の腕を上げ
第2、3指の2本を立てます

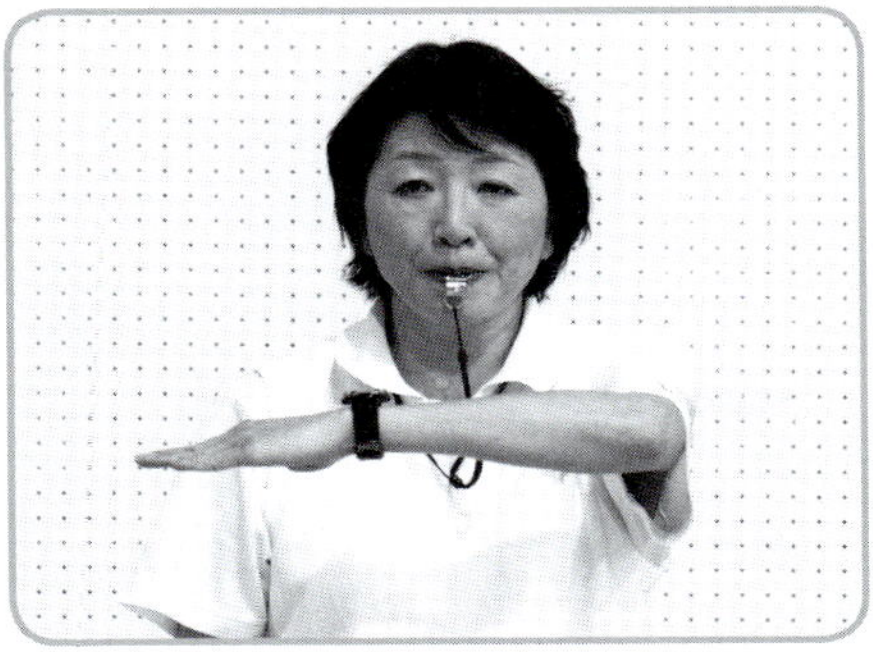

オーバーネット

反則チーム側の前腕を
ネット上にかざします

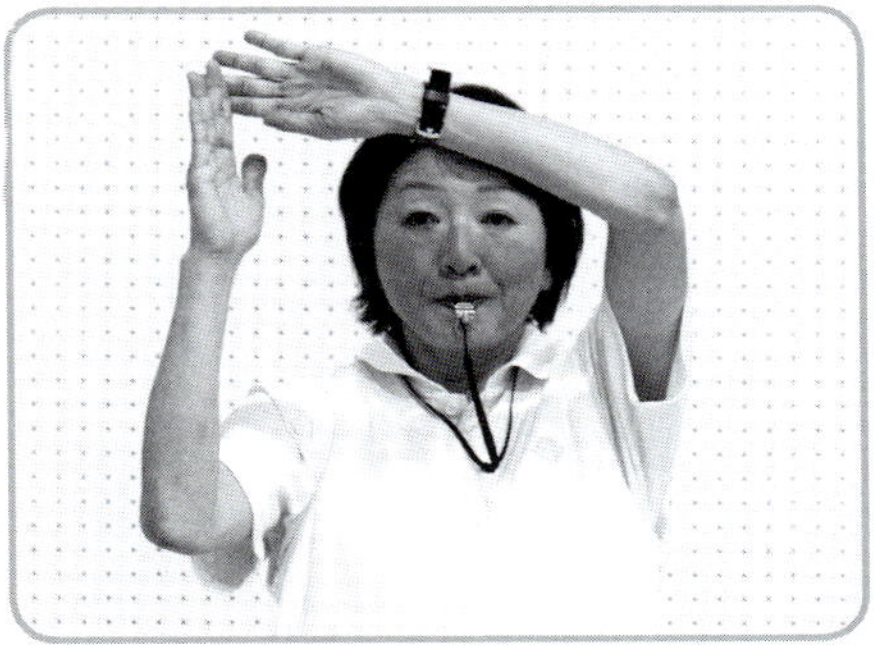

ワンタッチ

片手の指先をもう一方の
指腹で払います

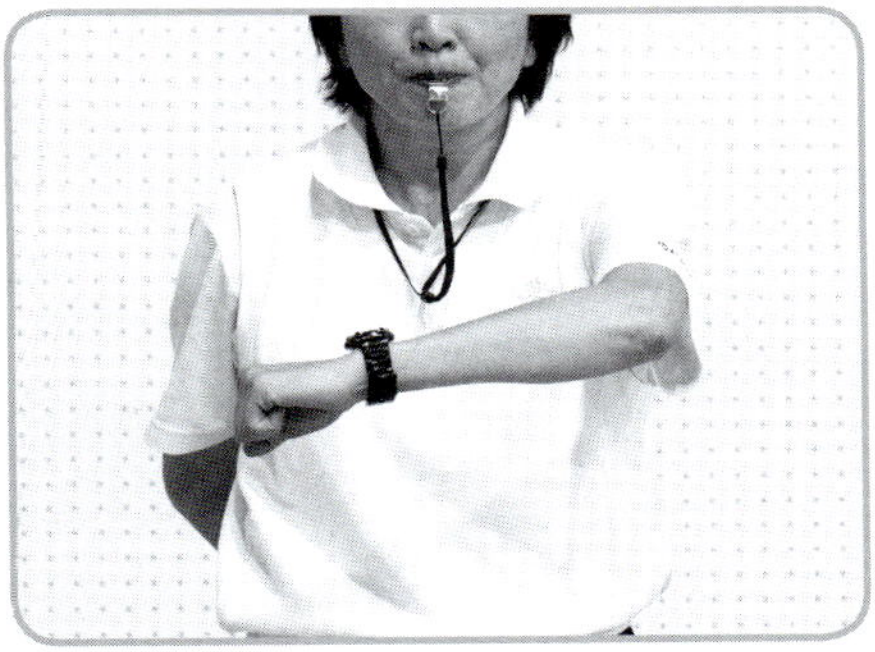

チェンジコート

左前腕を前にあげ、右前腕を背に、
左回りに両腕を動かします

ノーカウント

親指（第1指）を立てたグリップを
胸前に出します

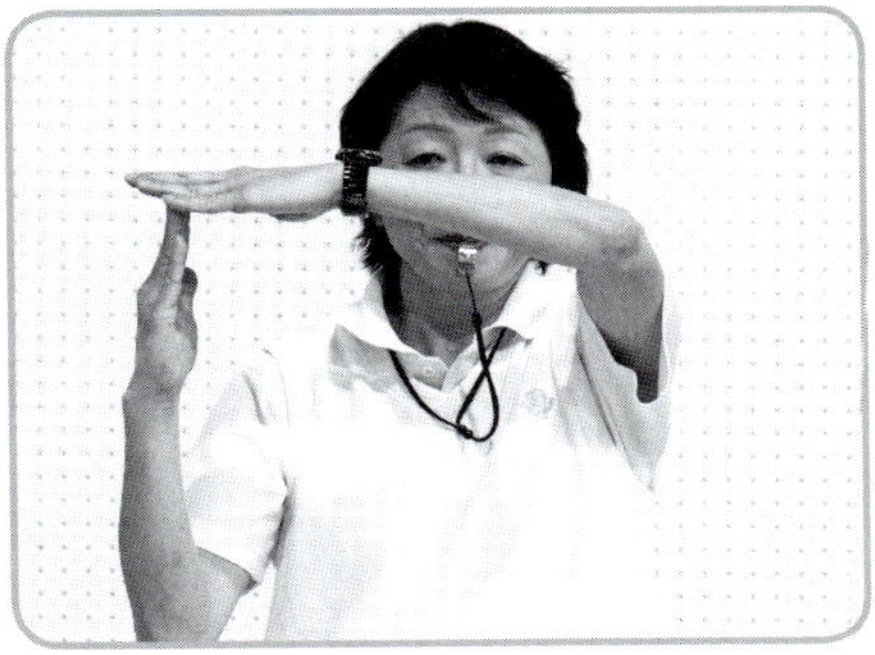

タイムアウト（含むメディカルテクニカル）

顔の前で両手による
Tの字で表します

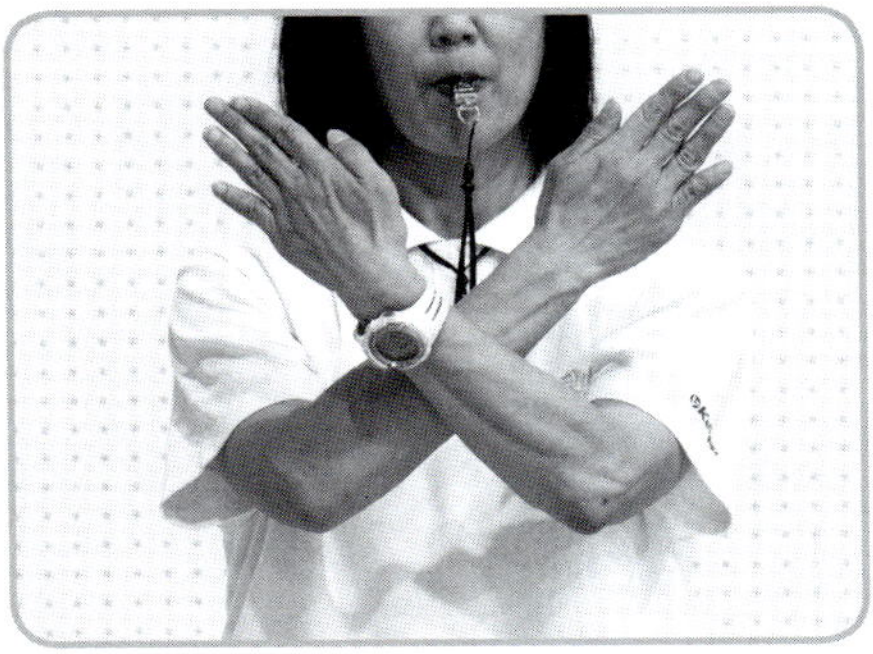

ゲームセット・セット終了

両前腕を胸の前に
X字で示します

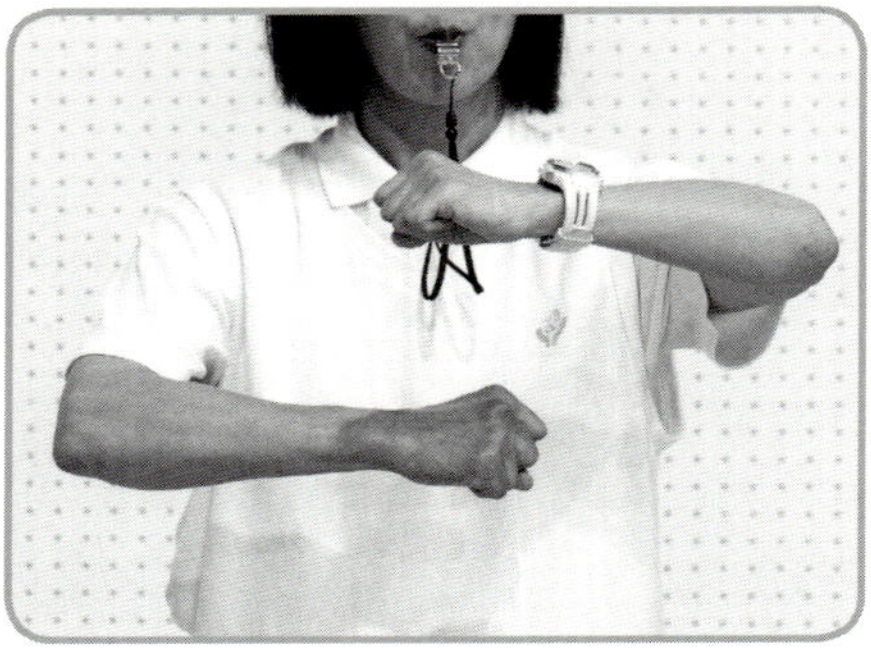

プレーヤー交代

両前腕を胸の前で
回します

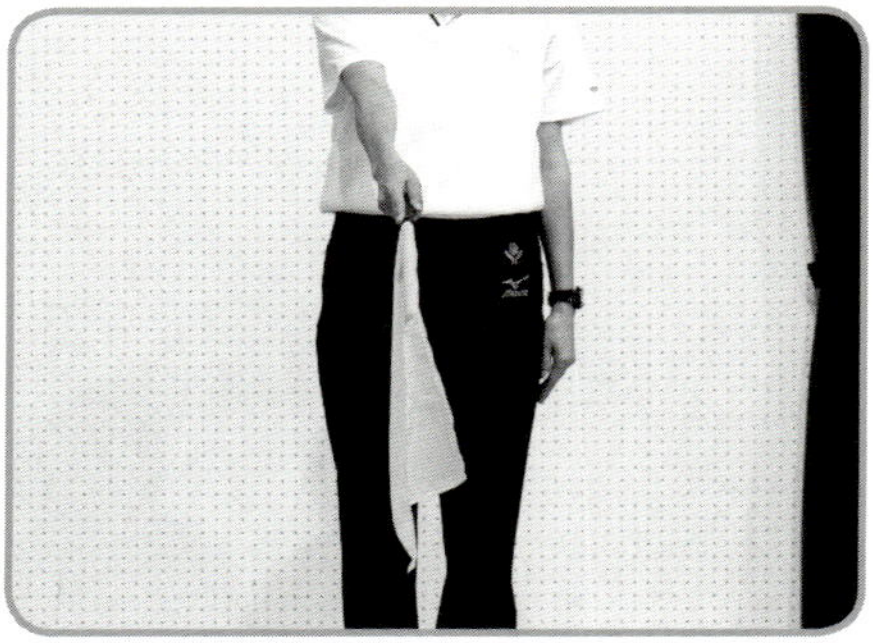

ボールイン

小旗を正面に指し下ろし、
顔だけ主審に向けます

ボールアウト

小旗を上方に上げます。
体の向きは責任ライン、顔は主審に向けます

ボールアウト・サービスの失敗

小旗を左右に振りながら、
片手で反則、失敗の起きた所を指します

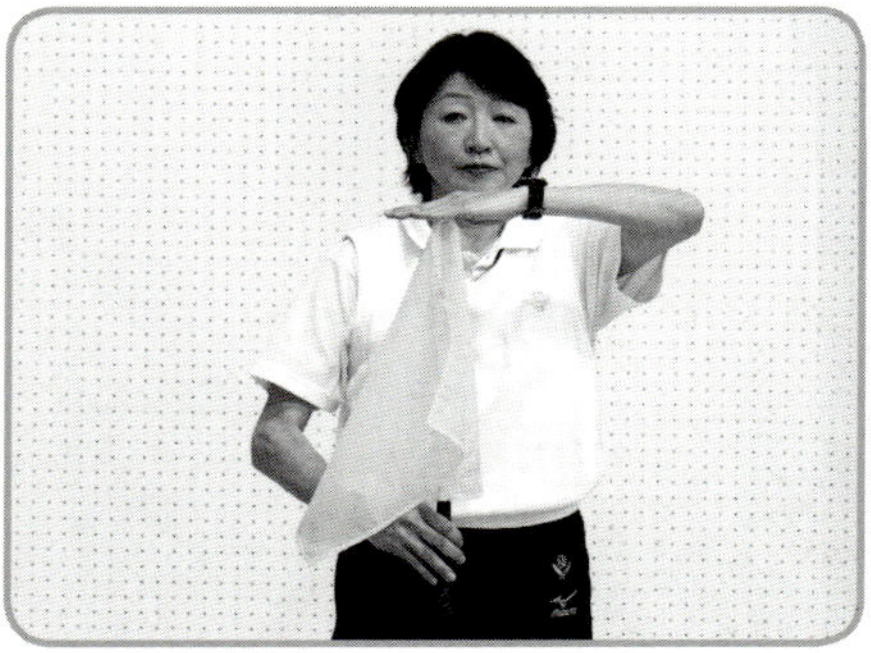

ワンタッチ

旗を立て、
他方の手のひらを旗の上部にのせます

スコアシートのつけ方

全国ママさんバレーボール連盟

❷ サーブ順どおりにプレーヤー番号を記載。
交代で入ったプレーヤーは交代したプレーヤーナンバーに記載する

❸ サーブ権が相手チームへ移ったときの自チームの得点を記載する

❹ 得点が加算されるごとに／をつける

❶ 大会名・会場・日付・対戦チームを記載

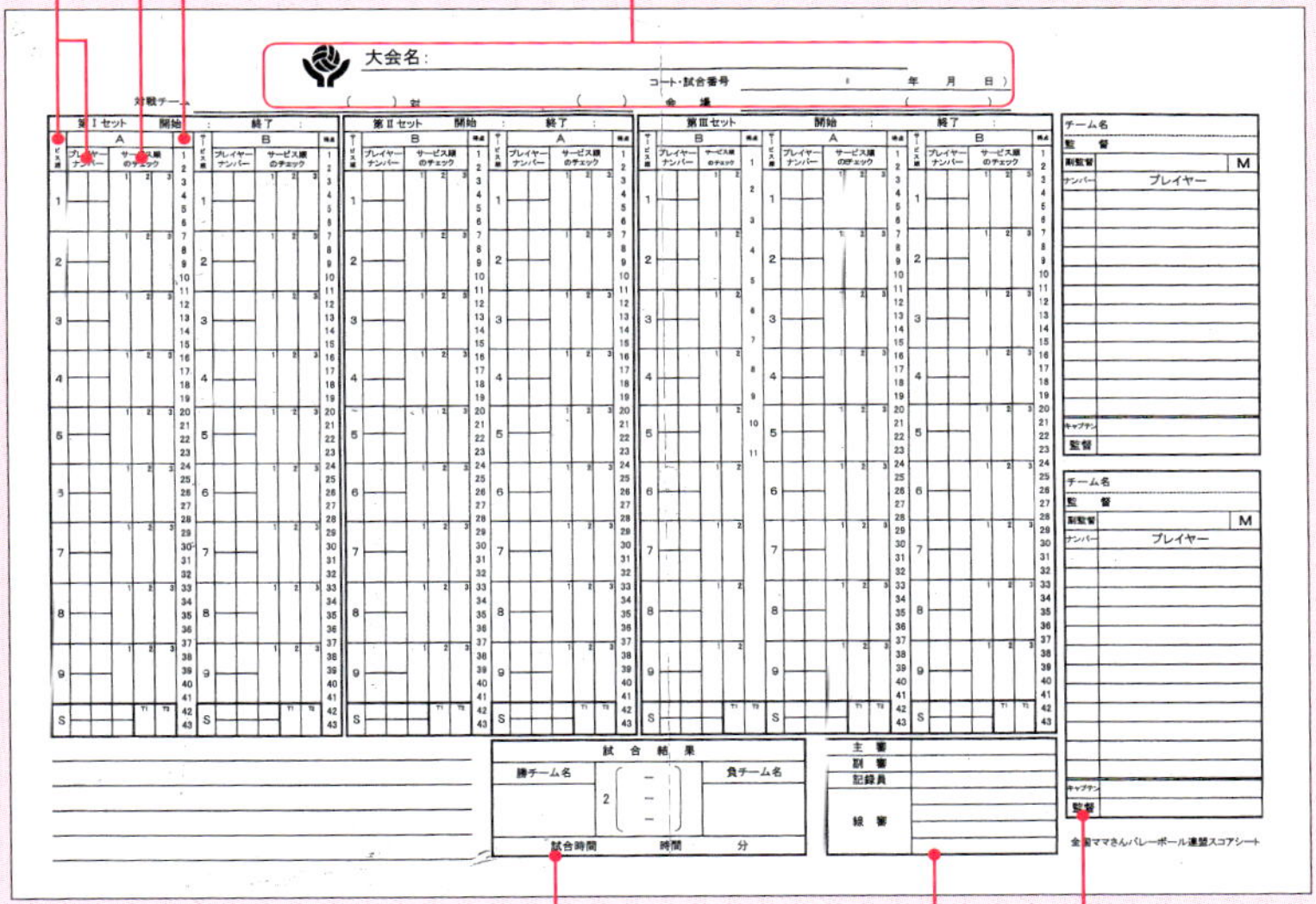

❺ セットカウントと
各セットの得点、
試合時間を記載

❻ プレーヤー番号
と名前、
キャプテン・
監督名を記載

❼ 主審・副審・記録員・
線審名を記載

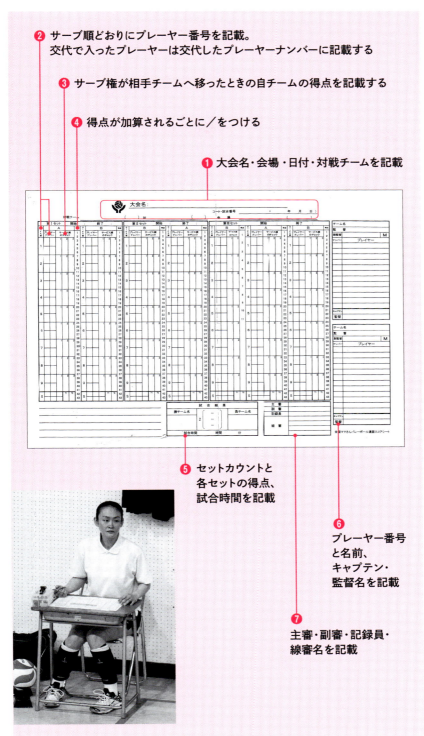

攻撃

オープン攻撃

セッターがレフト、ライトにテンポの遅い高いトスを上げて、両サイドからアタックを仕掛ける攻撃のことをいいます。

クイック攻撃

セッターがトスアップすると同時にスパイカーが踏み切り、テンポの速いトスを打つ攻撃。セッターからの距離が1mほど離れた位置から打つクイック攻撃をAクイック、2mほど離れた攻撃をBクイック、セッターの背面から1mほど離れた攻撃をCクイック、背面2mほど離れた攻撃をDクイックと呼びます。距離、位置によって、セッターはフロントトス、バックトスを使い分けます。

セミ攻撃

オープン攻撃とクイック攻撃の中間くらいのテンポ、高さのトスを打つ攻撃をいいます。

コンビネーション攻撃

複数のアタッカーがオープン攻撃、クイック攻撃、セミ攻撃を同時に仕掛けて、相手のブロッカーにいくつもの選択肢を与えることができる攻撃フォーメーションをいいます。

時間差攻撃

1人のアタッカーがクイック攻撃を仕掛けると見せかけて、後方からもう1人のアタッカーが助走に入り、少し遅れてセミ攻撃を仕掛ける攻撃のことをいいます。

移動攻撃

セッターがライトへバックトスを上げて、アタッカーはトスを追いかけるようにしてライトで打つ攻撃のこと。「ブロード攻撃」ともいいます。

ストレートコース

サイドラインに沿ってまっすぐアタックを打つコースのことをいいます。

クロスコース

スパイクを打つ位置から対角線上へ打つコースのことをいいます。

インナーコース

スパイクを打つ位置から、よりネットに近いところへ打つコースのことをいいます。

ネットイン

サーブのボールがネットに当たり、コートに入ることを言います。 どんなボールでも、ネットに当たってコートに入ったら、有効になります。

守備

コミットブロック

ブロッカーがアタッカーの動きに合わせて、
ブロックジャンプすることをいいます。

リードブロック

ブロッカーがボールの動きに合わせて、
ブロックジャンプすることをいいます。

吸い込み

ブロックジャンプの際、ネットと自分の体の間にボールが入ってしまうプレーのことをいいます。

サーブレシーブ

サーブを受けるレシーブのことをいいます。従来では「サーブカット」、「キャッチ」とも呼ばれてきましたが、「レセプション」という言葉も普及しています。

レシーブ

相手チームからスパイクなどの攻撃を受けるプレーのこと。
現在では、「ディグ」とも呼ばれています。

カンチャン

プレーヤーとプレーヤーのスペースのこと。相手のサーブやスパイクを受ける際、一番狙われやすい場所であり、自分たちが攻撃を仕掛ける際は狙っていくべき場所です。

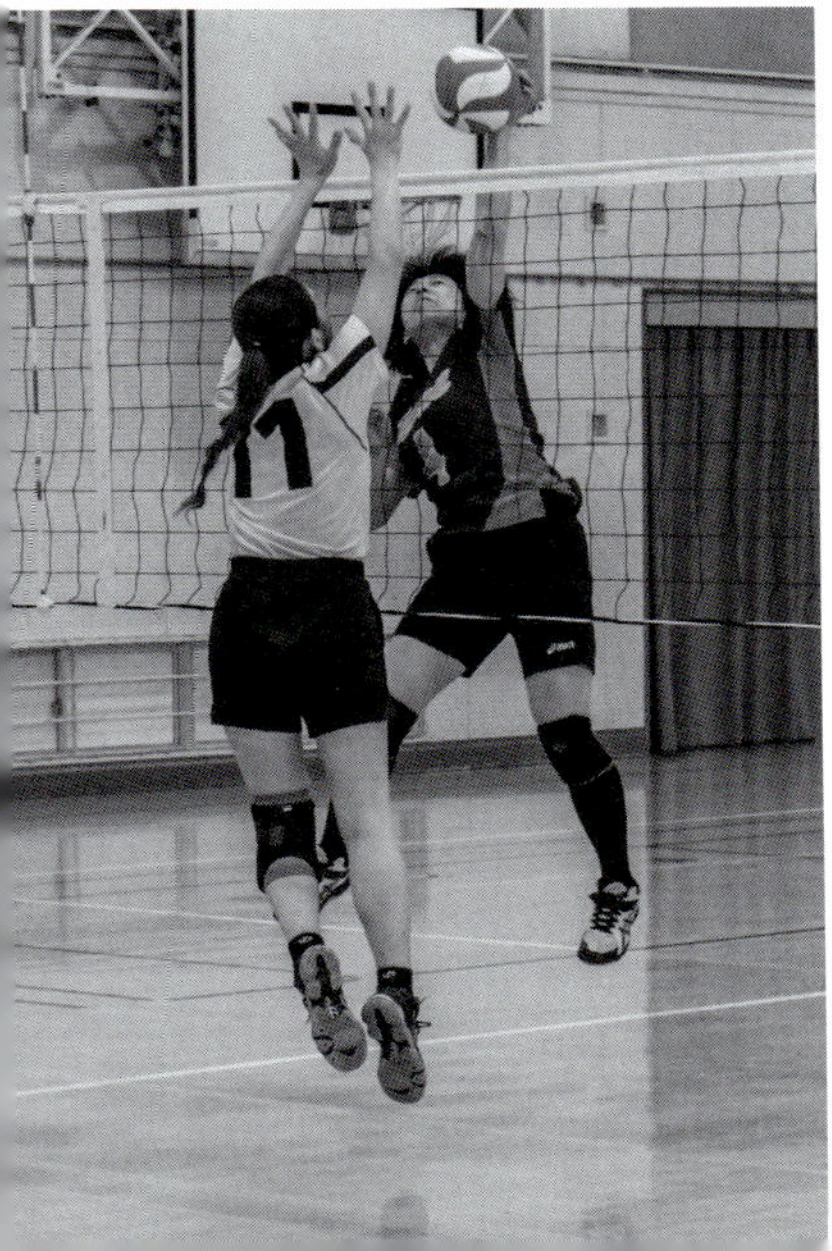

つなぎ

ハンドリング

オーバーハンドパスを行う際、ボールを送り出すときに必要な手の使い方をいいます。

二段トス

パスやサーブレシーブがセッターに返らないとき、コート後方からレフトやライトに向かって、アタッカーにトスを上げることをいいます。「ハイセット」とも呼ばれています。

監修者プロフィール

丸山由美

まるやまゆみ

Yumi Maruyama

1957年11月30日生まれ、東京都出身。中学時代からバレーボールを始め、東京・松蔭高卒業後、1976年に日立バレーボール部(現休部)に入社。現役時代は、身長175cmのセンタープレーヤーとして活躍し、日立の黄金時代を築き上げた。1977年に全日本に選出され、1982年から全日本主将を務めた。1984年ロサンゼルス五輪で銅メダルを獲得、1988年ソウル五輪に出場した。現在は、日本バレーボール協会の公認講師、小田急バレーボールクリニック主任講師としてママさんバレーの指導に当たっている。

南生田

Minami Ikuta

チーム創部は1988年。主に川崎市内で活動し、川崎市南生田小学校体育館で練習を行っている。現在の部員数は13名。『コカ・コーライーストジャパンカップ神奈川県ママさんバレーボール春季大会』では、2015年、2016年においてブロック優勝。『やまゆり杯小田急旗争奪神奈川県家庭婦人バレーボール大会』では川崎地区予選会で強豪チームとして知られており、第35回、第39回の本大会では3位の成績を収めた。

計り知れないエネルギーが生み出すもの

ソウル五輪を終えて現役を引退し、初めてママさんバレーの指導をしたときのことです。ママさん1人1人が体中から発する感情やパワーに圧倒されました。10代の中学生や高校生は恥ずかしがってなかなか感情を表に出しにくいものですが、ママさんは違います。

「短い時間だけど、何かを学んで帰ろう」

「上手な人の技術を見て、真似てみよう」

バレーボールが上手になりたいという意欲に満ちあふれているのです。彼女たちから計り知れないエネルギーを感じ、私自身、とても刺激を受けたことを覚えています。

私がこの本を通して伝えたいのは、何もバレーボールの技術だけではありません。もちろん強く

なるためには、それも大切です。ですが、バレーボールがチームスポーツである以上、生きる上で必要なコミュニケーションやチームワーク、仲間の大切さも学んでほしいのです。

そうすれば、きっと人間関係にも好影響を及ぼすでしょう。チームメイトだけではありません。家族や友人、仕事をしている人なら取引先や同僚とも良好な関係を築けるはずです。

そうして練習を続けていけば、きっと技術も向上し、チーム力もアップします。すべてが好循環につながっていくのです。

「バレーボールが少しだけ上手になりたい。でもそれ以上に、バレーボールをもっと楽しみたい」

この本が、そうした皆さんの健康づくりの一助となることを願ってやみません。

パーフェクトレッスンブック

ママさんバレー

基《き》本《ほん》と戦《せん》術《じゅつ》

STAFF

編集　吉田亜衣
執筆　岩本勝暁
写真　成瀬賢、山田健司
イラスト　一寸木幸平
本文デザイン　島内泰弘デザイン室
カバーデザイン　柿沼みさと

参考文献
「ママさんバレーガイドライン 2010」
一般社団法人全国ママさんバレーボール連盟
「確実に強くなるママさんバレー絶対上達」KVC監修
(実業之日本社)

監　修　丸《まる》山《やま》由《ゆ》美《み》
発行者　岩野裕一
発行所　実業之日本社
〒153-0044 東京都目黒区大橋1-5-1 クロスエアタワー８階
電話　03-6809-0452（編集部）
03-6809-0495（販売部）
実業之日本社ホームページ　http://www.j-n.co.jp/
印刷所　大日本印刷株式会社
製　本　株式会社ブックアート

ISBN978-4-408-45599-0

1607(01)